中华人民共和国行业推荐性标准

# 公路路面基层施工技术细则

Technical Guidelines for Construction of Highway Roadbases

JTG/T F20—2015

主编单位：交通运输部公路科学研究院
批准部门：中华人民共和国交通运输部
实施日期：2015 年 08 月 01 日

人民交通出版社股份有限公司

图书在版编目(CIP)数据

公路路面基层施工技术细则：JTG/T F20—2015 / 交通运输部公路科学研究院主编. —北京：人民交通出版社股份有限公司，2015.7
ISBN 978-7-114-12367-2

Ⅰ．①公… Ⅱ．①交… Ⅲ．①路面基层—道路工程—工程施工—技术规范 Ⅳ．①U416.2-65

中国版本图书馆 CIP 数据核字(2015)第 134419 号

| | |
|---|---|
| 标准类型： | 中华人民共和国行业推荐性标准 |
| 标准名称： | 公路路面基层施工技术细则 |
| 标准编号： | JTG/T F20—2015 |
| 主编单位： | 交通运输部公路科学研究院 |
| 责任编辑： | 吴有铭　李　农 |
| 出版发行： | 人民交通出版社股份有限公司 |
| 地　　址： | (100011)北京市朝阳区安定门外外馆斜街 3 号 |
| 网　　址： | http://www.ccpcl.com.cn |
| 销售电话： | (010)85285857 |
| 总 经 销： | 人民交通出版社股份有限公司发行部 |
| 经　　销： | 各地新华书店 |
| 印　　刷： | 北京市密东印刷有限公司 |
| 开　　本： | 880×1230　1/16 |
| 印　　张： | 5.5 |
| 字　　数： | 124 千 |
| 版　　次： | 2015 年 7 月　第 1 版 |
| 印　　次： | 2025 年 4 月　第 21 次印刷 |
| 书　　号： | ISBN 978-7-114-12367-2 |
| 定　　价： | 45.00 元 |

(有印刷、装订质量问题的图书,由本公司负责调换)

# 中华人民共和国交通运输部

# 公 告

第 21 号

## 交通运输部关于发布
## 《公路路面基层施工技术细则》的公告

现发布《公路路面基层施工技术细则》(JTG/T F20—2015),作为公路工程行业推荐性标准,自 2015 年 8 月 1 日起施行,原《公路路面基层施工技术规范》(JTJ 034—2000) 同时废止。

《公路路面基层施工技术细则》(JTG/T F20—2015) 的管理权和解释权归交通运输部,日常解释和管理工作由主编单位交通运输部公路科学研究院负责。

请各有关单位注意在实践中总结经验,及时将发现的问题和修改建议函告交通运输部公路科学研究院(地址:北京市海淀区西土城路 8 号,邮政编码:100088),以便修订时研用。

特此公告。

中华人民共和国交通运输部
2015 年 5 月 19 日

---

交通运输部办公厅　　　　　　　　　　　　　　　2015 年 5 月 25 日印发

# 前 言

根据交通运输部交公路发〔2007〕378 号文《2007 年度公路工程标准制修订项目计划》的要求,由交通运输部公路科学研究院承担《公路路面基层施工技术规范》(JTJ 034—2000)(简称"原规范")的修订工作。原规范由交通运输部于 2000 年 1 月 1 日发布并批准实施,施行 15 年来,对指导我国公路路面基层施工,保证路面质量起到了很大作用。

根据《公路工程行业标准制修订管理导则》(JTG A02—2013)的要求,原规范更名为《公路路面基层施工技术细则》(JTG/T F20—2015)(简称"本细则")。

编写组在总结十余年来公路路面基层施工技术发展经验和相关科研成果的基础上,经分析论证和广泛征求国内专家意见,以提高基层施工质量均匀性为核心,以修建耐久性路面基层为目标,吸收了近些年在基层生产实践中逐渐形成的、成熟的新技术、新材料和新工艺,完成本细则的修订工作。

本细则由 8 章和 4 个附录构成。本次修订的主要内容包括:

1. 提高了基层用粗集料的压碎值技术要求,增加了软石含量、针片状颗粒含量、粉尘含量等指标;增加了细集料技术要求。

2. 增加了高速公路和一级公路路面基层混合料生产时材料分档的数量要求和规格要求。

3. 提出采用间断、密实型的级配构成原理,改进无机结合料稳定级配碎石或砾石等材料的级配设计方法。

4. 增补了水泥粉煤灰稳定材料的技术要求。

5. 补充、完善了级配碎石的材料设计和施工工艺要求。

6. 调整了无机结合料稳定材料的强度标准,增加了目标配合比和生产配合比的设计内容与要求。

7. 提高了基层和底基层施工压实度标准。

8. 提高了无机结合料稳定材料拌和设备和工艺要求。

9. 规范了无机结合料稳定材料的养生方式和周期,明确了层间结合处理的工艺措施及要求。

10. 补充了再生材料在各级公路路面基层中使用的基本要求。

11. 强化了基层施工质量的控制措施和指标要求。

本细则修订后,章节调整为:1 总则,2 术语,3 原材料要求,4 混合料组成设计,5 混合料生产、摊铺及碾压,6 养生、交通管制、层间处理及其他,7 填隙碎石施工技术要求,8 施工质量标准与控制;附录 A 无机结合料稳定材料级配设计,附录 B 水泥稳定级配碎石等质量控制关键环节,附录C回弹弯沉值的计算,附录D质量检验的统计分析计算。

本细则题目中的基层概念泛指一般工程中的基层、底基层。在正文中,按实际工程的基层、底基层含义分别阐述相关的技术要求。

请各有关单位在执行过程中,将发现的问题和意见,函告本细则日常管理组,联系人:周兴业、肖倩(地址:北京市海淀区西土城路8号,交通运输部公路科学研究院 交通公路工程研究中心;邮编:100088;电话:010-62079685;传真:010-62075650;电子邮箱:xy.zhou@rioh.cn),以便修订时参考。

**主 编 单 位**:交通运输部公路科学研究院
**参 编 单 位**:长安大学
**主　　　编**:王旭东
**主要参编人员**:沙爱民　张　蕾　周兴业　胡力群
　　　　　　　　曾　峰　肖　倩　李美江　汪水银

# 目　次

1 总则 ········································································································ 1
2 术语 ········································································································ 2
3 原材料要求 ···························································································· 4
　3.1 一般规定 ························································································· 4
　3.2 水泥及添加剂 ·················································································· 4
　3.3 石灰 ································································································ 4
　3.4 粉煤灰等工业废渣 ········································································· 5
　3.5 水 ···································································································· 6
　3.6 粗集料 ···························································································· 6
　3.7 细集料 ···························································································· 8
　3.8 材料分档与掺配 ············································································· 9
4 混合料组成设计 ····················································································· 11
　4.1 一般规定 ························································································· 11
　4.2 强度要求 ························································································· 13
　4.3 强度试验及计算 ············································································· 15
　4.4 无机结合料的计算和比例 ······························································· 16
　4.5 混合料推荐级配及技术要求 ··························································· 18
　4.6 无机结合料稳定材料目标配合比设计技术要求 ···························· 24
　4.7 无机结合料稳定材料生产配合比设计技术要求 ···························· 26
　4.8 级配碎石配合比设计技术要求 ······················································ 27
5 混合料生产、摊铺及碾压 ···································································· 30
　5.1 一般规定 ························································································· 30
　5.2 混合料集中厂拌与运输 ·································································· 32
　5.3 混合料人工拌和 ············································································· 34
　5.4 摊铺机摊铺与碾压 ········································································· 40
　5.5 人工摊铺与碾压 ············································································· 43
6 养生、交通管制、层间处理及其他 ··················································· 47
　6.1 一般规定 ························································································· 47
　6.2 养生方式 ························································································· 48
　6.3 交通管制 ························································································· 49
　6.4 无机结合料稳定材料层之间的处理 ··············································· 50

6.5 无机结合料稳定材料基层与沥青面层之间的处理 ………………………………… 50
6.6 基层收缩裂缝的处理 ……………………………………………………………… 52

7 填隙碎石施工技术要求 …………………………………………………………………… 53
7.1 一般规定 …………………………………………………………………………… 53
7.2 材料技术要求 ……………………………………………………………………… 53
7.3 施工工法 …………………………………………………………………………… 54

8 施工质量标准与控制 ……………………………………………………………………… 56
8.1 一般规定 …………………………………………………………………………… 56
8.2 材料检验 …………………………………………………………………………… 57
8.3 铺筑试验段 ………………………………………………………………………… 59
8.4 施工过程检测 ……………………………………………………………………… 61
8.5 质量检查 …………………………………………………………………………… 64

附录 A 无机结合料稳定材料级配设计 ……………………………………………………… 66
附录 B 水泥稳定级配碎石等质量控制关键环节 …………………………………………… 68
附录 C 回弹弯沉值的计算 …………………………………………………………………… 73
附录 D 质量检验的统计分析计算 …………………………………………………………… 74
本细则用词用语说明 …………………………………………………………………………… 79

# 1 总则

**1.0.1** 为提高公路路面基层、底基层的施工技术水平,保证施工质量,制定本细则。

**1.0.2** 本细则适用于各等级公路新建和改扩建工程的基层、底基层施工。

**1.0.3** 应采用符合本细则的原材料、施工配合比、施工工艺和质量标准与控制规定。在满足实际工程技术要求的前提下,应优先选用技术可靠、经济合理的当地材料。

**1.0.4** 质量保障体系应贯穿于施工全过程,明确全员质量责任,加强各工序质量控制与管理,保证工程质量。

**1.0.5** 应建立健全安全生产管理体系及应急预案,明确安全责任,严格执行安全操作规程,保障施工人员的职业健康和施工安全。

**1.0.6** 应注重节约用地,降低能源和材料消耗,保护环境。

**1.0.7** 应积极稳妥地采用技术可靠、经济合理的新技术、新材料、新设备和新工艺。

**1.0.8** 公路路面基层、底基层施工除应符合本细则的规定外,尚应符合国家和行业现行有关标准的规定。

# 2 术语

**2.0.1** 基层 base
直接位于沥青路面面层下的主要承重层，或直接位于水泥混凝土面板下的结构层。

**2.0.2** 底基层 subbase
在沥青路面基层下铺筑的次要承重层或在水泥混凝土路面基层下铺筑的辅助层。

**2.0.3** 水泥稳定材料 cement stabilized material
以水泥为结合料，通过加水与被稳定材料共同拌和形成的混合料，包括水泥稳定级配碎石、水泥稳定级配砾石、水泥稳定石屑、水泥稳定土、水泥稳定砂等。

**2.0.4** 综合稳定材料 composite stabilized material
以两种或两种以上材料为结合料，通过加水与被稳定材料共同拌和形成的混合料，包括水泥石灰稳定材料、水泥粉煤灰稳定材料、石灰粉煤灰稳定材料等。

**2.0.5** 石灰稳定材料 lime stabilized material
以石灰为结合料，通过加水与被稳定材料共同拌和形成的混合料，包括石灰碎石土、石灰土等。

**2.0.6** 工业废渣稳定材料 industrial waste stabilized material
以石灰或水泥为结合料，以煤渣、钢渣、矿渣等工业废渣为主要被稳定材料，通过加水拌和形成的混合料。

**2.0.7** 级配碎石 graded crushed stone
各档粒径的碎石和石屑按一定比例混合，级配满足一定要求且塑性指数和承载比均符合规定要求的混合料。

**2.0.8** 级配砾石 graded gravel
各档粒径的砾石和砂按一定比例混合，级配满足一定要求且塑性指数和承载比均符合规定要求的混合料。

**2.0.9 未筛分碎石 crushed stone**

粒径大小不一的碎石仅用一个与规定最大工程粒径相符的筛筛去超尺寸颗粒后得到的碎石混合料。

**2.0.10 松铺系数 coefficient of loose paving material**

材料的松铺厚度与达到规定压实度的压实厚度之比值。

**2.0.11 容许延迟时间 permitted delay time**

在满足强度标准的前提下,水泥稳定材料拌和后至碾压成型之前所容许的最大时间间隔。

**2.0.12 碾压遍数 compaction time**

压路机沿相同或相近轮迹往、返碾压各1次,称为碾压1遍,并以此方式计算碾压数量。

# 3 原材料要求

## 3.1 一般规定

**3.1.1** 在原材料试验评定中,应随机选取具有足够数量的样本进行材料试验。

**条文说明**

足够数量指满足现行试验规程或相关设计文件中所规定的试验样本数量。

**3.1.2** 再生材料可用于低于原路结构层位或原路等级的公路建设,其技术指标应满足本细则的相关要求。

**3.1.3** 工业废弃物作为筑路材料使用前应进行环境评价,并满足国家相关规定。

## 3.2 水泥及添加剂

**3.2.1** 强度等级为32.5或42.5,且满足本细则要求的普通硅酸盐水泥等均可使用。

**3.2.2** 所用水泥初凝时间应大于3h,终凝时间应大于6h且小于10h。

**3.2.3** 在水泥稳定材料中掺加缓凝剂或早强剂时,应对混合料进行试验验证。缓凝剂和早强剂的技术要求应符合现行《公路水泥混凝土路面施工技术细则》(JTG/T F30)的规定。

## 3.3 石灰

**3.3.1** 石灰技术要求应符合表3.3.1-1和表3.3.1-2的规定。

表3.3.1-1 生石灰技术要求

| 指标 | 钙质生石灰 | | | 镁质生石灰 | | | 试验方法 |
|---|---|---|---|---|---|---|---|
| | Ⅰ | Ⅱ | Ⅲ | Ⅰ | Ⅱ | Ⅲ | |
| 有效氧化钙加氧化镁含量(%) | ≥85 | ≥80 | ≥70 | ≥80 | ≥75 | ≥65 | T 0813 |
| 未消化残渣含量(%) | ≤7 | ≤11 | ≤17 | ≤10 | ≤14 | ≤20 | T 0815 |
| 钙镁石灰的分类界限,氧化镁含量(%) | ≤5 | | | >5 | | | T 0812 |

表 3.3.1-2　消石灰技术要求

| 指　　标 | | 钙质消石灰 | | | 镁质消石灰 | | | 试验方法 |
|---|---|---|---|---|---|---|---|---|
| | | Ⅰ | Ⅱ | Ⅲ | Ⅰ | Ⅱ | Ⅲ | |
| 有效氧化钙加氧化镁含量(%) | | ≥65 | ≥60 | ≥55 | ≥60 | ≥55 | ≥50 | T 0813 |
| 含水率(%) | | ≤4 | ≤4 | ≤4 | ≤4 | ≤4 | ≤4 | T 0801 |
| 细度 | 0.60mm 方孔筛的筛余(%) | 0 | ≤1 | ≤1 | 0 | ≤1 | ≤1 | T 0814 |
| | 0.15mm 方孔筛的筛余(%) | ≤13 | ≤20 | — | ≤13 | ≤20 | — | T 0814 |
| 钙镁石灰的分类界限,氧化镁含量(%) | | ≤4 | | | >4 | | | T 0812 |

**3.3.2** 高速公路和一级公路用石灰应不低于Ⅱ级技术要求,二级公路用石灰应不低于Ⅲ级技术要求,二级以下公路宜不低于Ⅲ级技术要求。

**3.3.3** 高速公路和一级公路的基层,宜采用磨细消石灰。

**3.3.4** 二级以下公路使用等外石灰时,有效氧化钙含量应在20%以上,且混合料强度应满足要求。

## 3.4　粉煤灰等工业废渣

**3.4.1** 干排或湿排的硅铝粉煤灰和高钙粉煤灰等均可用作基层或底基层的结合料。粉煤灰技术要求应符合表 3.4.1 的规定。

表 3.4.1　粉煤灰技术要求

| 检 测 项 目 | 技 术 要 求 | 试 验 方 法 |
|---|---|---|
| $SiO_2$、$Al_2O_3$ 和 $Fe_2O_3$ 总含量(%) | >70 | T 0816 |
| 烧失量(%) | ≤20 | T 0817 |
| 比表面积($cm^2/g$) | >2 500 | T 0820 |
| 0.3mm 筛孔通过率(%) | ≥90 | T 0818 |
| 0.075mm 筛孔通过率(%) | ≥70 | T 0818 |
| 湿粉煤灰含水率(%) | ≤35 | T 0801 |

**条文说明**

绝大多数粉煤灰的主要成分是二氧化硅($SiO_2$)和三氧化二铝($Al_2O_3$),其总含量常超过70%,氧化钙(CaO)含量一般在2%~6%,这种粉煤灰可称作硅铝粉煤灰。个别地方的粉煤灰含有10%~40%的氧化钙,这种粉煤灰可称作高钙粉煤灰。

**3.4.2** 各等级公路的底基层、二级及二级以下公路的基层使用的粉煤灰,通过率指标不满足表 3.4.1 要求时,应进行混合料强度试验,达到本细则相关要求的强度指标时,方可使用。

**3.4.3** 煤矸石、煤渣、高炉矿渣、钢渣及其他冶金矿渣等工业废渣可用于修筑基层或底基层,使用前应崩解稳定,且宜通过不同龄期条件下的强度和模量试验以及温度收缩和干湿收缩试验等评价混合料性能。

**3.4.4** 水泥稳定煤矸石不宜用于高速公路和一级公路。

**3.4.5** 工业废渣类作为集料使用时,公称最大粒径应不大于 31.5mm,颗粒组成宜有一定级配,且不宜含杂质。

## 3.5 水

**3.5.1** 符合现行《生活饮用水卫生标准》(GB 5749)的饮用水可直接作为基层、底基层材料拌和与养生用水。

**3.5.2** 拌和使用的非饮用水应进行水质检验,技术要求应符合表 3.5.2 的规定。

表 3.5.2 非饮用水技术要求

| 项 次 | 项 目 | 技术要求 | 试验方法 |
|---|---|---|---|
| 1 | pH 值 | ≥4.5 | |
| 2 | $Cl^-$ 含量(mg/L) | ≤3 500 | |
| 3 | $SO_4^{2-}$ 含量(mg/L) | ≤2 700 | |
| 4 | 碱含量(mg/L) | ≤1 500 | JGJ 63 |
| 5 | 可溶物含量(mg/L) | ≤10 000 | |
| 6 | 不溶物含量(mg/L) | ≤5 000 | |
| 7 | 其他杂质 | 不应有漂浮的油脂和泡沫及明显的颜色和异味 | |

**3.5.3** 养生用水可不检验不溶物含量,其他指标应符合表 3.5.2 的规定。

## 3.6 粗集料

**3.6.1** 用作被稳定材料的粗集料宜采用各种硬质岩石或砾石加工成的碎石,也可直接采用天然砾石。粗集料应符合表 3.6.1 中 I 类规定,用作级配碎石的粗集料应符合表 3.6.1 中 II 类的规定。

表 3.6.1 粗集料技术要求

| 指标 | 层位 | 高速公路和一级公路 | | | | 二级及二级以下公路 | | 试验方法 |
|---|---|---|---|---|---|---|---|---|
| | | 极重、特重交通 | | 重、中、轻交通 | | | | |
| | | Ⅰ类 | Ⅱ类 | Ⅰ类 | Ⅱ类 | Ⅰ类 | Ⅱ类 | |
| 压碎值(%) | 基层 | ≤22[a] | ≤22 | ≤26 | ≤26 | ≤35 | ≤30 | T 0316 |
| | 底基层 | ≤30 | ≤26 | ≤30 | ≤26 | ≤40 | ≤35 | |
| 针片状颗粒含量(%) | 基层 | ≤18 | ≤18 | ≤22 | ≤18 | — | ≤20 | T 0312 |
| | 底基层 | — | ≤20 | — | ≤20 | — | ≤20 | |
| 0.075mm以下粉尘含量(%) | 基层 | ≤1.2 | ≤1.2 | ≤2 | ≤2 | — | — | T 0310 |
| | 底基层 | — | — | — | — | — | — | |
| 软石含量(%) | 基层 | ≤3 | ≤3 | ≤5 | ≤5 | — | — | T 0320 |
| | 底基层 | — | — | — | — | — | — | |

注:[a] 对花岗岩石料,压碎值可放宽至25%。

**条文说明**

一般来说,花岗岩的压碎值比较大,玄武岩类、石灰岩类的压碎值比较小。如采用石灰岩类压碎值指标要求花岗岩,在一些地区将难以找到合适的建筑材料,不利于广泛就地取材;相反,如采用花岗岩类的压碎值指标要求石灰岩,则放宽了对原材料的技术要求,不利于工程的质量控制。因此,对高速公路和一级公路极重、特重交通荷载等级下的用于被稳定材料的粗集料压碎值提出两个标准。

**3.6.2** 基层、底基层的粗集料规格要求宜符合表3.6.2的规定。

表 3.6.2 粗集料规格要求

| 规格名称 | 工程粒径(mm) | 通过下列筛孔(mm)的质量百分率(%) | | | | | | | | | 公称粒径(mm) |
|---|---|---|---|---|---|---|---|---|---|---|---|
| | | 53 | 37.5 | 31.5 | 26.5 | 19.0 | 13.2 | 9.5 | 4.75 | 2.36 | |
| G1 | 20~40 | 100 | 90~100 | — | — | 0~10 | 0~5 | — | — | — | 19~37.5 |
| G2 | 20~30 | — | 100 | 90~100 | — | 0~10 | 0~5 | — | — | — | 19~31.5 |
| G3 | 20~25 | — | — | 100 | 90~100 | 0~10 | 0~5 | — | — | — | 19~26.5 |
| G4 | 15~25 | — | — | 100 | 90~100 | — | 0~10 | 0~5 | — | — | 13.2~26.5 |
| G5 | 15~20 | — | — | — | 100 | 90~100 | 0~10 | 0~5 | — | — | 13.2~19 |
| G6 | 10~30 | — | 100 | 90~100 | — | — | — | 0~10 | 0~5 | — | 9.5~31.5 |
| G7 | 10~25 | — | — | 100 | 90~100 | — | — | 0~10 | 0~5 | — | 9.5~26.5 |
| G8 | 10~20 | — | — | — | 100 | 90~100 | — | 0~10 | 0~5 | — | 9.5~19 |
| G9 | 10~15 | — | — | — | — | 100 | 90~100 | 0~10 | 0~5 | — | 9.5~13.2 |
| G10 | 5~15 | — | — | — | — | 100 | 90~100 | 40~70 | 0~10 | 0~5 | 4.75~13.2 |
| G11 | 5~10 | — | — | — | — | — | 100 | 90~100 | 0~10 | 0~5 | 4.75~9.5 |

**3.6.3** 高速公路和一级公路极重、特重交通荷载等级基层的 4.75mm 以上粗集料应采用单一粒径的规格料。

**3.6.4** 作为高速公路、一级公路底基层和二级及二级以下公路基层、底基层被稳定材料的天然砾石材料宜满足表 3.6.1 的要求,并应级配稳定、塑性指数不大于 9。

**3.6.5** 应选择适当的碎石加工工艺,用于破碎的原石粒径应为破碎后碎石公称最大粒径的 3 倍以上。高速公路基层用碎石,应采用反击破碎的加工工艺。

**3.6.6** 碎石加工中,根据筛网放置的倾斜角度和工程经验,应选择合理的筛孔尺寸。粒径尺寸与筛孔尺寸对应关系宜符合表 3.6.6 的规定。根据破碎方式和石质的不同,可适当调整筛孔尺寸,调整范围宜为 1~2mm。

表 3.6.6 粒径尺寸与筛孔尺寸对应表

| 粒径尺寸(mm) | 4.75 | 9.5 | 13.2 | 16 | 19 | 26.5 | 31.5 | 37.5 |
|---|---|---|---|---|---|---|---|---|
| 筛孔尺寸(mm) | 5.5 | 11 | 15 | 18 | 22 | 31 | 36 | 43 |

**3.6.7** 用作级配碎石或砾石的粗集料应采用具有一定级配的硬质石料,且不应含有黏土块、有机物等。

**3.6.8** 级配碎石或砾石用作基层时,高速公路和一级公路公称最大粒径应不大于 26.5mm,二级及二级以下公路公称最大粒径应不大于 31.5mm;用作底基层时,公称最大粒径应不大于 37.5mm。

## 3.7 细集料

**3.7.1** 细集料应洁净、干燥、无风化、无杂质,并有适当的颗粒级配。

**3.7.2** 高速公路和一级公路用细集料技术要求应符合表 3.7.2 的规定。

表 3.7.2 细集料技术要求

| 项目 | 水泥稳定[a] | 石灰稳定 | 石灰粉煤灰综合稳定 | 水泥粉煤灰综合稳定 | 试验方法 |
|---|---|---|---|---|---|
| 颗粒分析 | 满足级配要求 | | | | T 0302/0303/0327 |
| 塑性指数[b] | ≤17 | 适宜范围 15~20 | 适宜范围 12~20 | — | T 0118 |
| 有机质含量(%) | <2 | ≤10 | ≤10 | <2 | T 0313/0151 |
| 硫酸盐含量(%) | ≤0.25 | ≤0.8 | — | ≤0.25 | T 0341 |

注:[a] 水泥稳定包含水泥石灰综合稳定。
    [b] 应测定 0.075mm 以下材料的塑性指数。

**3.7.3** 细集料规格要求应符合表 3.7.3 的规定。

表 3.7.3 细集料规格要求

| 规格名称 | 工程粒径（mm） | 通过下列筛孔(mm)的质量百分率(%) | | | | | | | 公称粒径（mm） |
|---|---|---|---|---|---|---|---|---|---|
| | | 9.5 | 4.75 | 2.36 | 1.18 | 0.6 | 0.3 | 0.15 | 0.075 | |
| XG1 | 3～5 | 100 | 90～100 | 0～15 | 0～5 | — | — | — | — | 2.36～4.75 |
| XG2 | 0～3 | — | 100 | 90～100 | — | — | — | — | 0～15 | 0～2.36 |
| XG3 | 0～5 | 100 | 90～100 | — | — | — | — | — | 0～20 | 0～4.75 |

**3.7.4** 对 0～3mm 和 0～5mm 的细集料应分别严格控制大于 2.36mm 和 4.75mm 的颗粒含量。对 3～5mm 的细集料应严格控制小于 2.36mm 的颗粒含量。

**3.7.5** 高速公路和一级公路，细集料中小于 0.075mm 的颗粒含量应不大于 15%；二级及二级以下公路，细集料中小于 0.075mm 的颗粒含量应不大于 20%。

**条文说明**

控制细集料 0.075mm 的通过率主要是为了控制生产混合料中 0.075mm 以下的颗粒含量。

**3.7.6** 级配碎石或砾石中的细集料可使用细筛余料，或专门轧制的细碎石集料。

**3.7.7** 天然砾石或粗砂作为细集料时，其颗粒尺寸应满足工程需要，且级配稳定，超尺寸颗粒含量超过本细则或实际工程的规定时应筛除。

## 3.8 材料分档与掺配

**3.8.1** 材料分档应符合表 3.8.1 的规定。

表 3.8.1 材料分档要求

| 层 位 | 高速公路和一级公路 | | 二级及二级以下公路 |
|---|---|---|---|
| | 极重、特重交通 | 重、中、轻交通 | |
| 基层 | ≥5 | ≥4 | ≥3 或 4[a] |
| 底基层 | ≥4 | ≥3 或 4[a] | ≥3 |

注：[a] 对一般工程可选择不少于 3 档备料，对极重、特重交通荷载等级且强度要求较高时，为了保证级配的稳定，宜选择不少于 4 档备料。

**3.8.2** 公称最大粒径为 19mm、26.5mm 和 31.5mm 的无机结合料稳定碎石或砾石的备料规格宜符合表 3.8.2 的规定。

表3.8.2 不同粒径混合料的备料规格

| 公称最大粒径(mm) | 类 型 | 一档 | 二档 | 三档 | 四档 | 五档 | 六档 |
|---|---|---|---|---|---|---|---|
| 19 | 三档备料 | XG3 | G11 | G8 | — | — | — |
| | 四档备料Ⅰ | XG2 | XG1 | G11 | G8 | — | — |
| | 四档备料Ⅱ | XG3 | G11 | G9 | G5 | — | — |
| | 四档备料Ⅲ[a] | XG3(1) | XG3(2) | G11 | G8 | — | — |
| | 五档备料Ⅰ | XG2 | XG1 | G11 | G9 | G5 | — |
| | 五档备料Ⅱ[a] | XG3(1) | XG3(2) | G11 | G9 | G5 | — |
| 26.5 | 四档备料 | XG3 | G11 | G8 | G3 | — | — |
| | 五档备料Ⅰ | XG3 | G11 | G9 | G5 | G3 | — |
| | 五档备料Ⅱ | XG2 | XG1 | G11 | G8 | G3 | — |
| | 五档备料Ⅲ[a] | XG3(1) | XG3(2) | G11 | G8 | G3 | — |
| | 六档备料Ⅰ | XG2 | XG1 | G11 | G9 | G5 | G3 |
| | 六档备料Ⅱ[a] | XG3(1) | XG3(2) | G11 | G9 | G5 | G3 |
| 31.5 | 四档备料 | XG3 | G11 | G8 | G2 | — | — |
| | 五档备料Ⅰ | XG3 | G11 | G9 | G5 | G2 | — |
| | 五档备料Ⅱ | XG3 | G11 | G9 | G4 | G2 | — |
| | 五档备料Ⅲ[a] | XG3(1) | XG3(2) | G11 | G8 | G2 | — |
| | 六档备料Ⅰ | XG2 | XG1 | G11 | G9 | G5 | G2 |
| | 六档备料Ⅱ[a] | XG3(1) | XG3(2) | G11 | G9 | G5 | G2 |

注：[a] 表中XG3(1)和XG3(2)为两种不同级配规律的0~5mm的细集料。

**3.8.3** 用于二级及二级以上公路基层和底基层的级配碎石或砾石，应由不少于4种规格的材料掺配而成。

**3.8.4** 天然材料用于高速公路和一级公路的基层时，应筛分成表3.6.2中规定的规格，并按表3.8.2中的备料规格进行掺配。天然材料的规格不满足设计级配的要求时，可掺配一定比例的碎石或轧碎砾石。

**3.8.5** 级配碎石或砾石类材料中宜掺加石屑、粗砂等材料。

**3.8.6** 级配碎石或砾石细集料的塑性指数应不大于12。不满足要求时，可加石灰、无塑性的砂或石屑掺配处理。

# 4 混合料组成设计

## 4.1 一般规定

**4.1.1** 混合料组成设计应按设计要求,选择技术经济合理的混合料类型和配合比。

**4.1.2** 应根据公路等级、交通荷载等级、结构形式、材料类型等因素确定材料技术要求。

**4.1.3** 无机结合料稳定材料组成设计应包括原材料检验、混合料的目标配合比设计、混合料的生产配合比设计和施工参数确定四部分。

**条文说明**

无机结合料稳定材料组成设计流程见图 4-1。

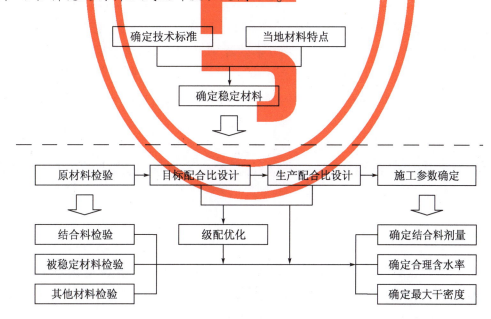

图 4-1 无机结合料稳定材料设计流程

**4.1.4** 原材料检验应包括结合料、被稳定材料及其他相关材料的试验。所有检测指标均应满足相关设计标准或技术文件的要求。

**4.1.5** 目标配合比设计应包括下列技术内容：
1 选择级配范围。
2 确定结合料类型及掺配比例。
3 验证混合料相关的设计及施工技术指标。

**4.1.6** 生产配合比设计应包括下列技术内容：
1 确定料仓供料比例。
2 确定水泥稳定材料的容许延迟时间。
3 确定结合料剂量的标定曲线。
4 确定混合料的最佳含水率、最大干密度。

**4.1.7** 施工参数确定应包括下列技术内容：
1 确定施工中结合料的剂量。
2 确定施工合理含水率及最大干密度。
3 验证混合料强度技术指标。

**4.1.8** 确定无机结合料稳定材料最大干密度指标时宜采用重型击实方法，也可采用振动压实方法。

**条文说明**

振动压实试验方法是指按现行《公路工程无机结合料稳定材料试验规程》(JTG E51)中 T 0842 规定的，遵循压实功等效原则的试验方法。

**4.1.9** 应根据当地材料的特点和混合料设计要求，通过配合比设计选择最优的工程级配。

**4.1.10** 用于基层的无机结合料稳定材料，强度满足要求时，尚宜检验其抗冲刷和抗裂性能。

**条文说明**

强度是无机结合料稳定材料重要的技术指标，但并不意味着强度满足要求就可以用于基层。无机结合料稳定细粒材料，如水泥稳定土、水泥稳定石屑，强度可以满足技术要求，但是抗冲刷性和抗裂性不足，并不适用于基层。

**4.1.11** 在施工过程中，材料品质或规格发生变化、结合料品种发生变化时，应重新进行材料组成设计。

## 4.2 强度要求

**4.2.1** 无机结合料稳定材料应满足本细则规定的强度要求。

**4.2.2** 应采用7d龄期无侧限抗压强度作为无机结合料稳定材料施工质量控制的主要指标。

**4.2.3** 高速公路和一级公路应验证所用材料的7d龄期无侧限抗压强度与90d或180d龄期弯拉强度的关系。

**4.2.4** 水泥稳定材料的7d龄期无侧限抗压强度标准$R_d$应符合表4.2.4的规定。

**表4.2.4　水泥稳定材料的7d龄期无侧限抗压强度标准$R_d$(MPa)**

| 结构层 | 公路等级 | 极重、特重交通 | 重交通 | 中、轻交通 |
|---|---|---|---|---|
| 基层 | 高速公路和一级公路 | 5.0~7.0 | 4.0~6.0 | 3.0~5.0 |
| | 二级及二级以下公路 | 4.0~6.0 | 3.0~5.0 | 2.0~4.0 |
| 底基层 | 高速公路和一级公路 | 3.0~5.0 | 2.5~4.5 | 2.0~4.0 |
| | 二级及二级以下公路 | 2.5~4.5 | 2.0~4.0 | 1.0~3.0 |

注：1. 公路等级高或交通荷载等级高或结构安全性要求高时，推荐取上限强度标准。
　　2. 表中强度标准指的是7d龄期无侧限抗压强度的代表值，本节以下各表同。

**4.2.5** 碾压贫混凝土应符合下列规定：
　1　7d龄期无侧限抗压强度应不低于7MPa，且宜不高于10MPa。
　2　水泥剂量宜不大于13%。
　3　需要提高材料强度时，应优化混合料级配，并验证混合料收缩性能、弯拉强度和模量等指标。

**条文说明**

　　碾压贫混凝土的7d龄期无侧限抗压强度标准下限为7MPa，这正好与水泥稳定材料的7d龄期无侧限抗压强度7MPa的上限相衔接。这个界限是一个经验的指标，为了便于工程应用而设定的一个参数。

　　一般情况下，水泥剂量大于13%时，其强度水平仍不能满足要求，说明这种材料不适合生产碾压贫混凝土，继续增加水泥剂量，其经济性不佳。如需进一步增加水泥剂量、提高强度，按条文第3款要求，首先优化混合料级配，然后全面验证混合料的技术性能。

　　另外，碾压贫混凝土强度试验的标准试件尺寸与无机结合料稳定中、粗粒材料相同，均为1:1的圆柱形试件，其目的是为了便于工地试验室的操作。

**4.2.6** 石灰粉煤灰稳定材料的 7d 龄期无侧限抗压强度标准 $R_d$ 应符合表 4.2.6 的规定,其他工业废渣稳定材料宜参照此标准。

表 4.2.6　石灰粉煤灰稳定材料的 7d 龄期无侧限抗压强度标准 $R_d$（MPa）

| 结构层 | 公路等级 | 极重、特重交通 | 重交通 | 中、轻交通 |
|---|---|---|---|---|
| 基层 | 高速公路和一级公路 | ≥1.1 | ≥1.0 | ≥0.9 |
| | 二级及二级以下公路 | ≥0.9 | ≥0.8 | ≥0.7 |
| 底基层 | 高速公路和一级公路 | ≥0.8 | ≥0.7 | ≥0.6 |
| | 二级及二级以下公路 | ≥0.7 | ≥0.6 | ≥0.5 |

注：石灰粉煤灰稳定材料强度不满足表 4.2.6 的要求时,可外加混合料质量 1%～2% 的水泥。

**4.2.7** 水泥粉煤灰稳定材料的 7d 龄期无侧限抗压强度标准 $R_d$ 应符合表 4.2.7 的规定。

表 4.2.7　水泥粉煤灰稳定材料的 7d 龄期无侧限抗压强度标准 $R_d$（MPa）

| 结构层 | 公路等级 | 极重、特重交通 | 重交通 | 中、轻交通 |
|---|---|---|---|---|
| 基层 | 高速公路和一级公路 | 4.0～5.0 | 3.5～4.5 | 3.0～4.0 |
| | 二级及二级以下公路 | 3.5～4.5 | 3.0～4.0 | 2.5～3.5 |
| 底基层 | 高速公路和一级公路 | 2.5～3.5 | 2.0～3.0 | 1.5～2.5 |
| | 二级及二级以下公路 | 2.0～3.0 | 1.5～2.5 | 1.0～2.0 |

**4.2.8** 石灰稳定材料的 7d 龄期无侧限抗压强度标准 $R_d$ 应符合表 4.2.8 的规定。

表 4.2.8　石灰稳定材料的 7d 龄期无侧限抗压强度标准 $R_d$（MPa）

| 结构层 | 高速公路和一级公路 | 二级及二级以下公路 |
|---|---|---|
| 基层 | — | ≥0.8[a] |
| 底基层 | ≥0.8 | 0.5～0.7[b] |

注：石灰土强度达不到表 4.2.8 规定的抗压强度标准时,可添加部分水泥,或改用另一种土。塑性指数过小的土,不宜用石灰稳定,宜改用水泥稳定。
[a] 在低塑性材料（塑性指数小于 7）地区,石灰稳定砾石土和碎石土的 7d 龄期无侧限抗压强度应大于 0.5MPa（100g 平衡锥测液限）。
[b] 低限用于塑性指数小于 7 的黏性土,且低限值宜仅用于二级以下公路。高限用于塑性指数大于 7 的黏性土。

**4.2.9** 水泥稳定类材料强度要求较高时,宜采取控制原材料技术指标和优化级配设计等措施,不宜单纯通过增加水泥剂量来提高材料强度。

**条文说明**

影响无机结合料稳定材料强度的因素较多,不仅仅是水泥剂量的多少。试验表明,对相同级配、相同水泥品种和剂量,采用反击破碎的碎石和一般破碎的碎石,两种混合料的强度可能会相差 20%～30%。

**4.2.10** 石灰稳定砾石土或碎石土材料可仅对其中公称最大粒径小于 4.75mm 的石灰土进行 7d 龄期无侧限抗压强度验证,且无侧限抗压强度应不小于 0.8MPa。

## 4.3 强度试验及计算

**4.3.1** 强度试验时,应按现场压实度标准采用静压法成型试件。

**条文说明**

材料的压实方法和压实度水平对混合料试验强度的大小有显著影响,有必要规范这些条件。在强度试验的试件成型时,按现场压实度标准折算混合料的干密度,并计算强度试验的混合料质量,而不是直接采用击实试验确定的混合料最大干密度。

在压实度、含水率、密度都一样的条件下,采用静压法和振动法或旋转压实法成型的试件体积指标理论上应该一致,但是由于成型方法变化导致材料颗粒排列规律差异,会对材料的强度水平产生影响。为保证材料强度水平评价的一致性和连续性,本细则仍采用静压法成型。这也便于大多数工地试验室的操作。

**4.3.2** 强度试验试件的径高比应为1∶1。无机结合料稳定细粒材料的试件直径应为 100mm,无机结合料稳定中、粗粒材料的试件直径应为 150mm。

**条文说明**

包括各类水泥稳定材料在内的各种路面材料的无侧限抗压强度的大小都存在尺寸效应,也就是相同的材料,不同的试件尺寸,其测定的强度水平是不同的。因此,在此规范试件的尺寸要求。

**4.3.3** 强度试验时,平行试验的最少试件数量应符合表 4.3.3 的规定。试验结果的变异系数大于表中规定值时,应重做试验或增加试件数量。

**表 4.3.3 平行试验的最少试件数量**

| 材料类型 | 变异系数要求 | | |
|---|---|---|---|
| | <10% | 10%~15% | 15%~20% |
| 细粒材料[a] | 6 | 9 | — |
| 中粒材料[b] | 6 | 9 | 13 |
| 粗粒材料[c] | — | 9 | 13 |

注:[a] 公称最大粒径小于 16mm 的材料。

[b] 公称最大粒径不小于 16mm,且小于 26.5mm 的材料。

[c] 公称最大粒径不小于 26.5mm 的材料。

**条文说明**

表 4.3.3 中的最少试件数量是采用容许误差 10% 和 90% 概率得出的。

**4.3.4** 根据试验结果,应按式(4.3.4)计算强度代表值 $R_d^0$。

$$R_d^0 = \bar{R} \cdot (1 - Z_\alpha C_v) \tag{4.3.4}$$

式中:$Z_\alpha$——标准正态分布表中随保证率或置信度 $\alpha$ 而变的系数,高速公路和一级公路应取保证率 95%,即 $Z_\alpha = 1.645$;二级及二级以下公路应取保证率 90%,即 $Z_\alpha = 1.282$;

$\bar{R}$——一组试验的强度平均值;

$C_v$——一组试验的强度变异系数。

**4.3.5** 强度数据处理时,宜按 3 倍标准差的标准剔除异常数值,且同一组试验样本异常值剔除应不多于 2 个。

**4.3.6** 强度代表值 $R_d^0$ 应不小于强度标准值 $R_d$,见式(4.3.6)。当 $R_d^0 < R_d$ 时,应重新进行配合比试验。

$$R_d^0 \geqslant R_d \tag{4.3.6}$$

**条文说明**

原规范强度的表达式为:$\bar{R} \geqslant \dfrac{R_d}{1 - Z_\alpha C_v}$,为了便于工程理解调整为本细则的表达式。式(4.3.6)就是观测值的下波动限 $\bar{R} - Z_{\alpha/2} S$。

## 4.4 无机结合料的计算和比例

**4.4.1** 水泥稳定材料的水泥剂量应以水泥质量占全部干燥被稳定材料质量的百分率表示。

**4.4.2** 石灰稳定材料的石灰剂量应以石灰质量占全部干燥被稳定材料质量的百分率表示。

**4.4.3** 石灰工业废渣混合料应采用质量配合比计算,以石灰:工业废渣:被稳定材料的质量比表示。

**4.4.4** 石灰粉煤灰稳定材料和石灰煤渣稳定材料比例可采用表 4.4.4 中的推荐值。

表 4.4.4 石灰粉煤灰稳定材料和石灰煤渣稳定材料推荐比例

| 材料类型 | 材 料 名 称 | 使用层位 | 结合料间比例 | 结合料与被稳定材料间比例 |
|---|---|---|---|---|
| 石灰粉煤灰 | 硅铝粉煤灰的<br>石灰粉煤灰类[a] | 基层或底基层 | 石灰：粉煤灰 = 1:2 ~ 1:9 | — |
| | 石灰粉煤灰土 | 基层或底基层 | 石灰：粉煤灰 = 1:2 ~ 1:4[b] | 石灰粉煤灰：细粒材料<br>= 30:70[c] ~ 10:90 |
| | 石灰粉煤灰稳定级<br>配碎石或砾石 | 基层 | 石灰：粉煤灰 = 1:2 ~ 1:4 | 石灰粉煤灰：被稳定材料<br>= 20:80 ~ 15:85[d] |
| 石灰煤渣 | 石灰煤渣稳定材料 | 基层或底基层 | 石灰：煤渣 = 20:80 ~ 15:85 | |
| | 石灰煤渣土 | 基层或底基层 | 石灰：煤渣 = 1:1 ~ 1:4 | 石灰煤渣：细粒材料<br>= 1:1 ~ 1:4[e] |
| | 石灰煤渣稳定材料 | 基层或底基层 | 石灰：煤渣：被稳定材料 = (7~9):(26~33):(67~58) | |

注：[a] CaO 含量为 2% ~ 6% 的硅铝粉煤灰。
[b] 粉土以 1:2 为宜。
[c] 采用此比例时，石灰与粉煤灰之比宜为 1:2 ~ 1:3。
[d] 石灰粉煤灰与粒料之比为 15:85 ~ 20:80 时，在混合料中，粒料形成骨架，石灰粉煤灰起填充孔隙和胶结作用。这种混合料称骨架密实式石灰粉煤灰粒料。
[e] 混合料中石灰应不少于 10%，可通过试验选取强度较高的配合比。

**4.4.5** 水泥粉煤灰稳定材料应采用质量配合比计算，以水泥：粉煤灰：被稳定材料的质量比表示。

**4.4.6** 水泥粉煤灰稳定材料和水泥煤渣稳定材料比例可采用表 4.4.6 中的推荐值。

表 4.4.6 水泥粉煤灰稳定材料和水泥煤渣稳定材料推荐比例

| 材料类型 | 材料名称 | 使用层位 | 结合料间比例 | 结合料与被稳定材料间比例 |
|---|---|---|---|---|
| 石灰粉煤灰 | 硅铝粉煤灰的<br>水泥粉煤灰类[a] | 基层或底基层 | 水泥：粉煤灰 = 1:3 ~ 1:9 | — |
| | 水泥粉煤灰土 | 基层或底基层 | 水泥：粉煤灰 = 1:3 ~ 1:5 | 水泥粉煤灰：细粒材料<br>= 30:70[b] ~ 10:90 |
| | 水泥粉煤灰稳定级<br>配碎石或砾石 | 基层 | 水泥：粉煤灰 = 1:3 ~ 1:5 | 水泥粉煤灰：被稳定材料<br>= 20:80 ~ 15:85[c] |
| 水泥煤渣 | 水泥煤渣稳定材料 | 基层或底基层 | 水泥：煤渣 = 5:95 ~ 15:85 | — |
| | 水泥煤渣土 | 基层或底基层 | 水泥：煤渣 = 1:2 ~ 1:5 | 水泥煤渣：细粒材料<br>= 1:2 ~ 1:5[d] |
| | 水泥煤渣稳定材料 | 基层或底基层 | 水泥：煤渣：被稳定材料<br>= (3~5):(26~33):(71~62) | |

注：[a] CaO 含量为 2% ~ 6% 的硅铝粉煤灰。
[b] 采用此比例时，水泥与粉煤灰之比宜为 1:2 ~ 1:3。
[c] 水泥粉煤灰与粒料之比为 15:85 ~ 20:80 时，在混合料中，粒料形成骨架，水泥粉煤灰起填充孔隙和胶结作用。
[d] 混合料中水泥应不少于 4%，可通过试验选取强度较高的配合比。

**4.4.7** 水泥、石灰综合稳定时,水泥用量占结合料总量不小于30%时,应按水泥稳定材料的技术要求进行组成设计,水泥和石灰的比例宜取60∶40、50∶50或40∶60。水泥用量占结合料总量小于30%时,应按石灰稳定材料设计。

## 4.5 混合料推荐级配及技术要求

**4.5.1** 采用水泥稳定时,被稳定材料的液限应不大于40%,塑性指数应不大于17。塑性指数大于17时,宜采用石灰稳定或用水泥和石灰综合稳定。

**4.5.2** 采用水泥稳定,被稳定材料中含有一定量的碎石或砾石,且小于0.6mm的颗粒含量在30%以下时,塑性指数可大于17,且土的均匀系数应大于5。其级配可采用表4.5.2中推荐的级配范围,并应符合下列规定:

1 用于高速公路和一级公路的底基层时,被稳定材料的公称最大粒径应不大于31.5mm,级配宜符合表4.5.2中C-A-1或C-A-2的规定,被稳定材料中不宜含有黏性土或粉性土。

2 用于二级公路的基层时,级配宜符合表4.5.2中C-A-1的规定,被稳定材料中不宜含有黏性土或粉性土。

3 用于二级以下公路的基层时,级配宜符合表4.5.2中C-A-3的规定,被稳定材料的公称最大粒径应不大于37.5mm。

4 用于二级及二级以下公路的底基层时,级配宜符合表4.5.2中C-A4的规定,被稳定材料的公称最大粒径应不大于37.5mm。

**表4.5.2 水泥稳定材料的推荐级配范围(%)**

| 筛孔尺寸(mm) | 高速公路和一级公路的底基层或二级公路的基层 | 高速公路和一级公路的底基层 | 二级以下公路的基层 | 二级及二级以下公路的底基层 |
|---|---|---|---|---|
| | C-A-1 | C-A-2 | C-A-3 | C-A-4 |
| 53 | — | — | 100 | 100 |
| 37.5 | 100 | 100 | 90~100 | — |
| 31.5 | 90~100 | — | — | — |
| 26.5 | — | — | 66~100 | — |
| 19 | 67~90 | — | 54~100 | — |
| 9.5 | 45~68 | — | 39~100 | — |
| 4.75 | 29~50 | 50~100 | 28~84 | 50~100 |
| 2.36 | 18~38 | — | 20~70 | — |
| 1.18 | — | — | 14~57 | — |
| 0.6 | 8~22 | 17~100 | 8~47 | 17~100 |
| 0.075 | 0~7 | 0~30 | 0~30 | 0~50 |

注:表中水泥稳定材料不包括水泥稳定级配碎石或砾石。

**条文说明**

表 4.5.2 中的 C-A-1 号级配在原规范中可用于高速公路和一级公路的基层,但该级配的范围过于宽泛,不适合当今加强基层施工质量控制的发展趋势,故此次修订,仅将其限定用于高速公路和一级公路的底基层。

**4.5.3** 采用水泥稳定,被稳定材料为粒径较均匀的砂时,宜在砂中添加适量塑性指数小于 10 的黏性土、石灰土或粉煤灰,加入比例应通过击实试验确定。添加粉煤灰的比例宜为 20%~40%。

**4.5.4** 水泥稳定级配碎石或砾石的级配可采用表 4.5.4 中推荐的级配范围,并宜符合下列规定:

1 用于高速公路和一级公路时,级配宜符合表 4.5.4 中 C-B-1、C-B-2 的规定。混合料密实时也可采用 C-B-3 级配。C-B-1 级配宜用于基层和底基层,C-B-2 级配宜用于基层。

2 用于二级及二级以下公路时,级配宜符合表 4.5.4 中 C-C-1、C-C-2、C-C-3 的规定。C-C-1 级配宜用于基层和底基层,C-C-2 和 C-C-3 级配宜用于基层,C-B-3 级配宜用于极重、特重交通荷载等级下的基层。

3 被稳定材料的液限宜不大于 28%。

4 用于高速公路和一级公路时,被稳定材料的塑性指数宜不大于 5;用于二级及二级以下公路时,宜不大于 7。

**表 4.5.4 水泥稳定级配碎石或砾石的推荐级配范围(%)**

| 筛孔尺寸 (mm) | 高速公路和一级公路 | | | 二级及二级以下公路 | | |
|---|---|---|---|---|---|---|
| | C-B-1 | C-B-2 | C-B-3 | C-C-1 | C-C-2 | C-C-3 |
| 37.5 | — | — | — | 100 | — | — |
| 31.5 | — | — | 100 | 100~90 | 100 | — |
| 26.5 | 100 | — | — | 94~81 | 100~90 | 100 |
| 19 | 86~82 | 100 | 68~86 | 83~67 | 87~73 | 100~90 |
| 16 | 79~73 | 93~88 | — | 78~61 | 82~65 | 92~79 |
| 13.2 | 72~65 | 86~76 | — | 73~54 | 75~58 | 83~67 |
| 9.5 | 62~53 | 72~59 | 38~58 | 64~45 | 66~47 | 71~52 |
| 4.75 | 45~35 | 45~35 | 22~32 | 50~30 | 50~30 | 50~30 |
| 2.36 | 31~22 | 31~22 | 16~28 | 36~19 | 36~19 | 36~19 |
| 1.18 | 22~13 | 22~13 | — | 26~12 | 26~12 | 26~12 |
| 0.6 | 15~8 | 15~8 | 8~15 | 19~8 | 19~8 | 19~8 |
| 0.3 | 10~5 | 10~5 | — | 14~5 | 14~5 | 14~5 |
| 0.15 | 7~3 | 7~3 | — | 10~5 | 10~5 | 10~5 |
| 0.075 | 5~2 | 5~2 | 0~3 | 7~2 | 7~2 | 7~2 |

**条文说明**

为了保障混合料施工的合宜性,需要有效控制被稳定材料的公称最大粒径及其含量。在本细则中,对高速公路和一级公路使用的级配,将公称最大粒径与最大工程粒径合并,取消两者之间的超粒径含量,以提高混合料的均匀性。如表中的 C-B-1 级配与 C-C-2 级配均属于 25 型级配,但 C-B-1 级配取消了 31.5mm 的粒径,其 26.5mm 既是其公称最大粒径也是传统的最大工程粒径。当然,在实际工程中完全消除超粒径含量是有一定困难的,需要灵活掌握,在不影响混合料性能的前提下,允许有 2%~3% 的超粒径含量。关键在于工程管理、施工和质量控制单位,要有严格控制原材料质量的意识和措施,适当调整筛孔是能够做到的。

水泥稳定级配碎石或砾石中 0.075mm 以下的含量较高时,将影响混合料的收缩性能,容易开裂,因此,对高速公路和一级公路的级配要求中,0.075mm 以下的含量的上限由 7% 降低到 5%。另一方面,为了保证混合料具有良好的抗疲劳性能,0.075mm 以下的含量不宜为零,因此,表 4.5.4 中除 C-B-3 外,其余级配的下限规定为 2%。

高速公路和一级公路的水泥稳定级配碎石或砾石的级配比二级及二级以下公路相应级配的容许波动范围要小,级配要求更严格。以 4.75mm 的通过率为例,前者容许的波动范围为 10%(即 35%~45%),后者容许的波动范围为 20%(即 30%~50%)。

**4.5.5** 碾压贫混凝土的级配宜采用表 4.5.4 中推荐的 C-B-1 和 C-B-2 级配。

**4.5.6** 石灰粉煤灰稳定材料可采用表 4.5.6 中推荐的级配范围,并应符合下列规定:

1 用于高速公路和一级公路基层时,石灰粉煤灰总质量宜占 15%,应不大于 20%,被稳定材料公称最大粒径应不大于 26.5mm,级配宜符合表 4.5.6 中 LF-A-2L 和 LF-A-2S 的规定。

2 用于高速公路和一级公路底基层时,各档被稳定材料总质量宜不小于 80%,级配宜符合表 4.5.6 中 LF-A-1L 和 LF-A-1S 的规定。对极重、特重交通荷载等级,级配宜符合表 4.5.6 中 LF-A-2L 和 LF-A-2S 的规定。

3 用于二级及二级以下公路基层时,被稳定材料的公称最大粒径应不大于 31.5mm,其总质量宜不小于 80%,并符合表 4.5.6 中 LF-B-2L 和 LF-B-2S 的规定。

4 用于二级及二级以下公路底基层时,各档被稳定材料总质量宜不小于 70%,并符合表 4.5.6 中 LF-B-1L 和 LF-B-1S 的规定。对极重、特重交通荷载等级,可选择符合表 4.5.6 中 LF-B-2L 和 LF-B-2S 的规定。

**表 4.5.6 石灰粉煤灰稳定级配碎石或砾石的推荐级配范围(%)**

| 筛孔尺寸 (mm) | 高速公路和一级公路 | | | | 二级及二级以下公路 | | | |
|---|---|---|---|---|---|---|---|---|
| | 稳定碎石 | | 稳定砾石 | | 稳定碎石 | | 稳定砾石 | |
| | LF-A-1S | LF-A-2S | LF-A-1L | LF-A-2L | LF-B-1S | LF-B-2S | LF-B-1L | LF-B-2L |
| 37.5 | — | — | — | — | 100 | — | 100 | — |

表 4.5.6(续)

| 筛孔尺寸 (mm) | 高速公路和一级公路 | | | | 二级及二级以下公路 | | | |
|---|---|---|---|---|---|---|---|---|
| | 稳定碎石 | | 稳定砾石 | | 稳定碎石 | | 稳定砾石 | |
| | LF-A-1S | LF-A-2S | LF-A-1L | LF-A-2L | LF-B-1S | LF-B-2S | LF-B-1L | LF-B-2L |
| 31.5 | 100 | — | 100 | — | 100~90 | 100 | 100~90 | 100 |
| 26.5 | 95~91 | 100 | 96~93 | 100 | 94~81 | 100~90 | 95~84 | 100~90 |
| 19 | 85~76 | 89~82 | 88~81 | 91~86 | 83~67 | 87~73 | 87~72 | 91~77 |
| 16 | 80~69 | 84~73 | 84~75 | 87~79 | 78~61 | 82~65 | 83~67 | 86~71 |
| 13.2 | 75~62 | 78~65 | 79~69 | 82~72 | 73~54 | 75~58 | 79~62 | 81~65 |
| 9.5 | 65~51 | 67~53 | 71~60 | 73~62 | 64~45 | 66~47 | 72~54 | 74~55 |
| 4.75 | 45~35 | 45~35 | 55~45 | 55~45 | 50~30 | 50~30 | 60~40 | 60~40 |
| 2.36 | 31~22 | 31~22 | 39~27 | 39~27 | 36~19 | 36~19 | 44~24 | 44~24 |
| 1.18 | 22~13 | 22~13 | 28~16 | 28~16 | 26~12 | 26~12 | 33~15 | 33~15 |
| 0.6 | 15~8 | 15~8 | 20~10 | 20~10 | 19~8 | 19~8 | 25~9 | 25~9 |
| 0.3 | 10~5 | 10~5 | 14~6 | 14~6 | — | — | — | — |
| 0.15 | 7~3 | 7~3 | 10~3 | 10~3 | — | — | — | — |
| 0.075 | 5~2 | 5~2 | 7~2 | 7~2 | 7~2 | 7~2 | 10~2 | 10~2 |

**条文说明**

表4.5.6中,限制混合料中被稳定材料最大工程粒径的原因同水泥稳定级配碎石或砾石。表中级配的构成方法同水泥稳定级配碎石。适用于高速公路和一级公路的石灰粉煤灰稳定级配碎石或砾石的级配相对二级及二级以下公路的混合料级配更加严格。以4.75mm通过率为例,前者的波动范围为10%,后者为20%。此外,表中0.075mm通过率的下限由原规范的0均调整为2%,一方面有利于工程实施,另一方面有利于改善混合料的疲劳性能。

**4.5.7** 水泥粉煤灰稳定材料可采用表4.5.7中推荐的级配范围,并应符合下列规定:

1 用于高速公路和一级公路基层时,水泥粉煤灰总质量宜为12%,应不大于18%,各档被稳定材料总质量宜不小于85%,其公称最大粒径应不大于26.5mm,级配宜符合表4.5.7中CF-A-2L和CF-A-2S的规定。

2 用于高速公路和一级公路底基层时,各档被稳定材料总质量宜不小于80%,级配宜符合表4.5.7中CF-A-1L和CF-A-1S的规定。对极重、特重交通荷载等级,级配宜符合表4.5.7中CF-A-2L和CF-A-2S的规定。

3 用于二级及二级以下公路基层时,被稳定材料的公称最大粒径应不大于31.5mm,其总质量宜不小于80%,级配宜符合表4.5.7中CF-B-2L和CF-B-2S的规定。

4 用于二级及二级以下公路底基层时,各档被稳定材料总质量宜不小于75%,级配宜符合表 4.5.7 中 CF-B-1L 和 CF-B-1S 的规定。对极重、特重交通荷载等级,级配宜符合表 4.5.7 中 CF-B-2L 和 CF-B-2S 的规定。

表 4.5.7 水泥粉煤灰稳定级配碎石或砾石的推荐级配范围(%)

| 筛孔尺寸(mm) | 高速公路和一级公路 | | | | 二级及二级以下公路 | | | |
| --- | --- | --- | --- | --- | --- | --- | --- | --- |
| | 稳定碎石 | | 稳定砾石 | | 稳定碎石 | | 稳定砾石 | |
| | CF-A-1S | CF-A-2S | CF-A-1L | CF-A-2L | CF-B-1S | CF-B-2S | CF-B-1L | CF-B-2L |
| 37.5 | — | — | — | — | 100 | — | 100 | — |
| 31.5 | 100 | — | 100 | — | 100~90 | 100 | 100~90 | 100 |
| 26.5 | 95~90 | 100 | 95~91 | 100 | 93~80 | 100~90 | 94~81 | 100~90 |
| 19 | 84~72 | 88~79 | 85~76 | 89~82 | 81~64 | 86~70 | 83~67 | 87~73 |
| 16 | 79~65 | 82~70 | 80~69 | 84~73 | 75~57 | 79~62 | 78~61 | 82~65 |
| 13.2 | 72~57 | 76~61 | 75~62 | 78~65 | 69~50 | 72~54 | 73~54 | 75~58 |
| 9.5 | 62~47 | 64~49 | 65~51 | 67~53 | 60~40 | 62~42 | 64~45 | 66~47 |
| 4.75 | 40~30 | 40~30 | 45~35 | 45~35 | 45~25 | 45~25 | 50~30 | 50~30 |
| 2.36 | 28~19 | 28~19 | 33~22 | 33~22 | 31~16 | 31~16 | 36~19 | 36~19 |
| 1.18 | 20~12 | 20~12 | 24~13 | 24~13 | 22~11 | 22~11 | 26~12 | 26~12 |
| 0.6 | 14~8 | 14~8 | 18~8 | 18~8 | 15~7 | 15~7 | 19~8 | 19~8 |
| 0.3 | 10~5 | 10~5 | 13~5 | 13~5 | — | — | — | — |
| 0.15 | 7~3 | 7~3 | 10~3 | 10~3 | — | — | — | — |
| 0.075 | 5~2 | 5~2 | 7~2 | 7~2 | 5~2 | 5~2 | 7~2 | 7~2 |

**4.5.8** 级配碎石或砾石的级配范围宜符合下列规定:

1 用于高速公路和一级公路基层时,级配宜符合表 4.5.8 中级配 G-A-4 或 G-A-5 的规定。

2 用于高速公路和一级公路底基层时,级配宜符合表 4.5.8 中级配 G-A-3 或 G-A-4 的规定。

3 用于二级及二级以下公路的基层、底基层时,级配可符合表 4.5.8 中级配 G-A-1 或 G-A-2 的规定。

表 4.5.8 级配碎石或砾石的推荐级配范围(%)

| 筛孔尺寸(mm) | G-A-1 | G-A-2 | G-A-3 | G-A-4 | G-A-5 |
| --- | --- | --- | --- | --- | --- |
| 37.5 | 100 | — | — | — | — |
| 31.5 | 100~90 | 100 | 100 | — | — |
| 26.5 | 93~80 | 100~90 | 95~90 | 100 | 100 |
| 19 | 81~64 | 86~70 | 84~72 | 88~79 | 100~95 |

表 4.5.8(续)

| 筛孔尺寸(mm) | G-A-1 | G-A-2 | G-A-3 | G-A-4 | G-A-5 |
|---|---|---|---|---|---|
| 16 | 75~57 | 79~62 | 79~65 | 82~70 | 89~82 |
| 13.2 | 69~50 | 72~54 | 72~57 | 76~61 | 79~70 |
| 9.5 | 60~40 | 62~42 | 62~47 | 64~49 | 63~53 |
| 4.75 | 45~25 | 45~25 | 40~30 | 40~30 | 40~30 |
| 2.36 | 31~16 | 31~16 | 28~19 | 28~19 | 28~19 |
| 1.18 | 22~11 | 22~11 | 20~12 | 20~12 | 20~12 |
| 0.6 | 15~7 | 15~7 | 14~8 | 14~8 | 14~8 |
| 0.3 | — | — | 10~5 | 10~5 | 10~5 |
| 0.15 | — | — | 7~3 | 7~3 | 7~3 |
| 0.075[a] | 5~2 | 5~2 | 5~2 | 5~2 | 5~2 |

注：[a] 对无塑性的混合料，小于0.075mm的颗粒含量宜接近高限。

**4.5.9** 二级及二级以下公路底基层采用未筛分碎石、砾石时，宜采用表4.5.9中推荐的级配范围。

表 4.5.9 未筛分碎石、砾石的推荐级配范围(%)

| 筛孔尺寸(mm) | G-B-1 | G-B-2 | 筛孔尺寸(mm) | G-B-1 | G-B-2 |
|---|---|---|---|---|---|
| 53 | 100 | — | 4.75 | 10~30 | 17~45 |
| 37.5 | 85~100 | 100 | 2.36 | 8~25 | 11~35 |
| 31.5 | 69~88 | 83~100 | 0.6 | 6~18 | 6~21 |
| 19.0 | 40~65 | 54~84 | 0.075 | 0~10 | 0~10 |
| 9.5 | 19~43 | 29~59 | | | |

**4.5.10** 用于底基层的天然砾石、砾石土宜采用表4.5.10中推荐的级配范围。

表 4.5.10 天然砾石、砾石土的推荐级配范围(%)

| 筛孔尺寸(mm) | 53 | 37.5 | 9.5 | 4.75 | 0.6 | 0.075 |
|---|---|---|---|---|---|---|
| 通过质量百分率(%) | 100 | 80~100 | 40~100 | 25~85 | 8~45 | 0~15 |

**4.5.11** 级配碎石或砾石、未筛分碎石、天然砾石和砾石土等材料应符合下列规定：
1 液限宜不大于28%。
2 在潮湿多雨地区塑性指数宜小于6，其他地区宜小于9。

## 4.6 无机结合料稳定材料目标配合比设计技术要求

**4.6.1** 应根据当地材料的特点,通过原材料性能的试验评定,选择适宜的结合料类型,确定混合料配合比设计的技术标准。

**4.6.2** 在目标配合比设计中,应选择不少于5个结合料剂量,分别确定各剂量条件下混合料的最佳含水率和最大干密度。

**条文说明**

在目标配合比设计过程中,选取多种不同结合料剂量的稳定材料进行试验,有助于掌握结合料剂量对混合料性能的影响。对于不同工程,由于被稳定材料存在差异,进行这方面试验是有必要的。同时,通过试验也有助于选择实际工程中结合料剂量的合理范围,为下一步生产配合比提供参考依据。

**4.6.3** 应根据试验确定的最佳含水率、最大干密度及压实度要求成型标准试件,验证不同结合料剂量条件下混合料的技术性能,确定满足设计要求的最佳剂量。

**条文说明**

验证的混合料性能主要指90d或180d龄期弯拉强度和抗压回弹模量、7d龄期无侧限抗压强度。

**4.6.4** 水泥稳定材料配合比试验推荐水泥试验剂量可采用表4.6.4中的推荐值。

**表4.6.4 水泥稳定材料配合比试验推荐水泥试验剂量表**

| 被稳定材料 | 条件 | | 推荐试验剂量(%) |
|---|---|---|---|
| 有级配的碎石或砾石 | 基层 | $R_d \geq 5.0$MPa | 5、6、7、8、9 |
| | | $R_d < 5.0$MPa | 3、4、5、6、7 |
| 土、砂、石屑等 | | 塑性指数<12 | 5、7、9、11、13 |
| | | 塑性指数≥12 | 8、10、12、14、16 |
| 有级配的碎石或砾石 | 底基层 | — | 3、4、5、6、7 |
| 土、砂、石屑等 | | 塑性指数<12 | 4、5、6、7、8 |
| | | 塑性指数≥12 | 6、8、10、12、14 |
| 碾压贫混凝土 | 基层 | — | 7、8.5、10、11.5、13 |

**4.6.5** 对水泥稳定材料,水泥的最小剂量应符合表4.6.5的规定。材料组成设计所得水泥剂量少于表4.6.5中的最小剂量时,应按表4.6.5采用最小剂量。

表 4.6.5 水泥的最小剂量(%)

| 被稳定材料类型 | 拌和方法 | |
|---|---|---|
| | 路拌法 | 集中厂拌法 |
| 中、粗粒材料 | 4 | 3 |
| 细粒材料 | 5 | 4 |

**条文说明**

表 4.6.5 中水泥的最小剂量是根据拌和均匀性规定的。

**4.6.6** 对石灰粉煤灰稳定材料和水泥粉煤灰稳定材料,宜分别按表 4.4.4 和表 4.4.6 的推荐比例进行试验,必要时可采用正交设计或均匀设计方法。

**条文说明**

石灰粉煤灰稳定材料和水泥粉煤灰稳定材料设计属于多因素分析问题。采用正交设计或均匀设计等科学的统计试验方法,确定的结合料剂量更合理。具体设计方法可参照相关数学文献。

**4.6.7** 对无机结合料稳定级配碎石或砾石材料,应根据当地材料特点和技术要求,优化设计混合料级配,确定目标级配曲线和合理的变化范围。

**4.6.8** 在目标级配曲线优化选择过程中,应选择不少于 4 条级配曲线,试验级配曲线可按本细则推荐的级配范围和以往工程经验或按附录 A 的方法构造。

**4.6.9** 在配合比设计试验中,应将各档石料筛分成单一粒径的规格逐档配料,并按相关的试验规程操作,保证每组试验的样本量。

**4.6.10** 选定目标级配曲线后,应对各档材料进行筛分,确定其平均筛分曲线及相应的变异系数,并按 2 倍标准差计算出各档材料筛分级配的波动范围。

**条文说明**

原材料的不均匀性是影响混合料性能稳定性的重要因素,为了全面掌握各档原材料的级配情况,需要从拌和场料堆的不同位置和每一批次进料中分别取料、筛分,然后分别统计各档料通过率的平均值和变异系数。

**4.6.11** 应按下列步骤合成目标级配曲线并进行性能验证:

1 按确定的目标级配,根据各档材料的平均筛分曲线,确定其使用比例,得到混合料的合成级配。
2 根据合成级配进行混合料重型击实试验和7d龄期无侧限抗压强度试验,验证混合料性能。

**4.6.12** 应根据已确定的各档材料使用比例和各档材料级配的波动范围,计算实际生产中混合料的级配波动范围;并应针对这个波动范围的上、下限验证性能。

## 4.7 无机结合料稳定材料生产配合比设计技术要求

**4.7.1** 根据目标配合比确定的各档材料比例,应对拌和设备进行调试和标定,确定合理的生产参数。

**4.7.2** 拌和设备的调试和标定应包括料斗称量精度的标定、结合料剂量的标定和拌和设备加水量的控制等内容,并应符合下列规定:
1 绘制不少于5个点的结合料剂量标定曲线。
2 按各档材料的比例关系,设定相应的称量装置,调整拌和设备各个料仓的进料速度。
3 按设定好的施工参数进行第一阶段试生产,验证生产级配。不满足要求时,应进一步调整施工参数。

**条文说明**

1 例如:对水泥稳定材料,根据工程使用的级配、水泥品种,按标准水泥剂量,以及标准水泥剂量±1%、±2%共5个点绘制EDTA标准曲线。

**4.7.3** 对水泥稳定、水泥粉煤灰稳定材料,应分别进行不同成型时间条件下的混合料强度试验,绘制相应的延迟时间曲线,并根据设计要求确定容许延迟时间。

**条文说明**

混合料在选定的级配、水泥剂量和最佳含水率的条件下拌和好以后,分别按立刻压实、闷料1h再压实、闷料2h再压实、闷料3h再压实等条件,成型标准试件,且每组的样本数量不少于规定的要求。

经过标准养生后,测量混合料的7d无侧限抗压强度,从而得到不同延迟时间条件下,混合料强度代表值的变化曲线。根据这条曲线,得到混合料满足设计强度要求的容许延迟时间。

**4.7.4** 应在第一阶段试生产试验的基础上进行第二阶段试验。分别按不同结合料剂量和含水率进行混合料试拌,并取样、试验。试验应符合下列规定:

1 通过混合料中实际含水率的测定,确定施工过程中水流量计的设定范围。
2 通过混合料中实际结合料剂量的测定,确定施工过程中结合料掺加的相关技术参数。
3 通过击实试验,确定结合料剂量变化、含水率变化对混合料最大干密度的影响。
4 通过抗压强度试验,确定材料的实际强度水平和拌和工艺的变异水平。

**条文说明**

配合比验证工作分为两个阶段,第一阶段是各个料仓生产剂量的标定和调整,使得最终的混合料级配能够与室内试验确定的级配曲线尽量吻合一致;第二阶段是对生产过程中水泥剂量和水量的控制手段与标准的确认。

水泥剂量和水量的控制是当前水泥稳定材料生产过程中质量控制的盲点,特别是加水量。因此,在正式生产前,需要通过试验,确定水泥剂量和含水率的变化影响曲线,为生产过程中的质量控制提供参照。

3~4 击实试验和7d龄期无侧限抗压强度试验结果将为施工过程中的工程检验、质量控制与评价提供参考。

**4.7.5** 混合料生产参数的确定应包括结合料剂量、含水率和最大干密度等指标,并应符合下列规定:

1 对水泥稳定材料,工地实际采用的水泥剂量宜比室内试验确定的剂量多0.5~1.0个百分点。采用集中厂拌法施工时宜增加0.5个百分点;采用路拌法施工时宜增加1个百分点。
2 以配合比设计的结果为依据,综合考虑施工过程的气候条件,对水泥稳定材料,含水率可增加0.5~1.5个百分点;对其他稳定材料,可增加1~2个百分点。
3 最大干密度应以最终合成级配击实试验的结果为标准。

## 4.8 级配碎石配合比设计技术要求

**4.8.1** 用于不同公路等级、交通荷载等级和结构层位的级配碎石,CBR强度标准应满足表4.8.1的要求。

**表4.8.1 级配碎石材料的CBR强度标准**

| 结构层 | 公路等级 | 极重、特重交通 | 重交通 | 中、轻交通 |
| --- | --- | --- | --- | --- |
| 基层 | 高速公路和一级公路 | ≥200 | ≥180 | ≥160 |
|  | 二级及二级以下公路 | ≥160 | ≥140 | ≥120 |
| 底基层 | 高速公路和一级公路 | ≥120 | ≥100 | ≥80 |
|  | 二级及二级以下公路 | ≥100 | ≥80 | ≥60 |

**4.8.2** 应以实际工程使用的材料为对象,根据本细则推荐的级配范围和以往工程经验或按附录 A 的方法,构造 3~4 条试验级配曲线,通过配合比试验,优化级配。

**4.8.3** 混合料配合比应采用重型击实或振动成型试验方法,确定最佳含水率和最大干密度。

**4.8.4** 应按试验确定的级配和最佳含水率,以及现场施工的压实标准成型标准试件,进行 CBR 强度试验和模量试验。

**4.8.5** 应选择 CBR 强度最高的级配作为工程使用的目标级配,并确定相应的最佳含水率。

**4.8.6** 选定目标级配曲线后,应针对各档材料进行筛分,确定各档材料的平均筛分曲线以及相应的变异系数,并按 2 倍标准差计算各档材料筛分级配的波动范围。

**4.8.7** 应按下列步骤合成目标级配曲线并验证性能:
1 按确定的目标级配,根据各档材料的平均筛分曲线,确定其使用比例,得到混合料的合成级配。
2 根据合成级配进行混合料的 CBR 或模量试验,验证混合料性能。

**4.8.8** 应根据已确定的各档材料使用比例和各档材料级配的波动范围,计算实际生产中混合料的级配波动范围;并应针对这个波动范围的上、下限验证性能。

**4.8.9** 应根据目标配合比确定的各档材料比例,调试和标定拌和设备,确保生产出的混合料满足目标级配的要求。

**4.8.10** 拌和设备的调试和标定应包括料斗称量精度的标定、设备加水量的控制等内容,并应符合下列规定:
1 按各档材料的比例关系,设定相应的称量装置,调整拌和设备各个料仓的进料速度。
2 按设定好的施工参数进行第一阶段试生产,验证生产级配。不满足要求时,应进一步调整施工参数。

**4.8.11** 应在第一阶段试生产试验的基础上进行第二阶段试验。按不同含水率试拌混合料,并取样、试验。试验应符合下列规定:
1 通过混合料中实际含水率的测定,确定施工过程中水流量计的设定范围。
2 通过击实试验,确定含水率变化对混合料最大干密度的影响。

3 通过CBR试验,确定材料的实际强度水平和拌和工艺的变异水平。

**4.8.12** 混合料生产含水率应依据配合比设计结果确定,可根据施工因素和气候条件增加0.5~1.5个百分点。

# 5 混合料生产、摊铺及碾压

## 5.1 一般规定

**5.1.1** 根据公路等级的不同,宜按表5.1.1选择基层、底基层材料施工工艺措施。对于边角部位施工,混合料拌和方式应与主线相同,可采用推土机摊铺、平地机整平的人工方式摊铺,并与主线同步碾压成型。

表5.1.1 施工工艺选择表

| 材料类型 | 公路等级 | 结构层位 | 拌和工艺 | | 摊铺工艺 | |
|---|---|---|---|---|---|---|
| | | | 推荐 | 可选择 | 推荐 | 可选择 |
| 无机结合料稳定中、粗粒材料 | 二级及二级以上 | 基层 | 集中厂拌 | — | 摊铺机摊铺 | — |
| 无机结合料稳定细粒材料 | | 底基层 | 集中厂拌 | — | 摊铺机摊铺 | 推土机摊铺,平地机整平 |
| 水泥稳定材料 | 二级以下 | 基层和底基层 | 集中厂拌 | — | 摊铺机摊铺 | — |
| 其他各种无机结合料稳定材料 | | 基层和底基层 | 集中厂拌 | 人工路拌 | 摊铺机摊铺 | 推土机摊铺,平地机整平 |
| 级配碎石 | 二级及二级以上 | 基层和底基层 | 集中厂拌 | — | 摊铺机摊铺 | — |
| | 二级以下 | 基层和底基层 | 集中厂拌 | 人工路拌 | 摊铺机摊铺 | 推土机摊铺,平地机整平 |

**5.1.2** 稳定材料层宽11～12m时,每一流水作业段长度以500m为宜;稳定材料层宽大于12m时,作业段宜相应缩短。宜综合考虑下列因素,合理确定每日施工作业段长度:
1 施工机械和运输车辆的生产效率和数量;
2 施工人员数量及操作熟练程度;
3 施工季节和气候条件;
4 水泥的初凝时间和延迟时间;
5 减少施工接缝的数量。

**5.1.3** 对水泥稳定材料或水泥粉煤灰稳定材料,宜在2h之内完成碾压成型,应取混合料的初凝时间与容许延迟时间较短的时间作为施工控制时间。

**5.1.4** 石灰稳定材料或石灰粉煤灰稳定材料层宜在当天碾压完成,最长不应超过 4d。

**5.1.5** 无机结合料稳定材料在过分潮湿路段上施工时应采取措施,降低潮湿程度、消除积水。

**条文说明**

过分潮湿路段指路段湿度水平超过所用无机结合料稳定材料所适应的湿度水平的上限。

**5.1.6** 无机结合料稳定材料结构层施工应选择适宜的气候环境,针对当地气候变化制订相应的处置预案,并应符合下列规定:
 1 宜在气温较高的季节组织施工。无机结合料稳定材料施工期的日最低气温应在5℃以上,在有冰冻的地区,应在第一次重冰冻到来的 15~30d 之前完成施工。
 2 宜避免在雨季施工,且不应在雨天施工。

**条文说明**

重冰冻的标准一般指气温达到 -3~-5℃。

**5.1.7** 应将室内重型击实试验法确定的干密度作为压实度评价的标准密度。

**5.1.8** 无机结合料稳定材料的基层压实标准应符合表 5.1.8 的规定。

**表5.1.8 基层材料压实标准(%)**

| 公路等级 | | 水泥稳定材料 | 石灰粉煤灰稳定材料 | 水泥粉煤灰稳定材料 | 石灰稳定材料 |
|---|---|---|---|---|---|
| 高速公路和一级公路 | | ≥98 | ≥98 | ≥98 | — |
| 二级及二级以下公路 | 稳定中、粗粒材料 | ≥97 | ≥97 | ≥97 | ≥97 |
| | 稳定细粒材料 | ≥95 | ≥95 | ≥95 | ≥95 |

**5.1.9** 无机结合料稳定材料的底基层压实标准应符合表 5.1.9 的规定。

**表5.1.9 底基层材料压实标准(%)**

| 公路等级 | | 水泥稳定材料 | 石灰粉煤灰稳定材料 | 水泥粉煤灰稳定材料 | 石灰稳定材料 |
|---|---|---|---|---|---|
| 高速公路和一级公路 | 稳定中、粗粒材料 | ≥97 | ≥97 | ≥97 | ≥97 |
| | 稳定细粒材料 | ≥95 | ≥95 | ≥95 | ≥95 |
| 二级及二级以下公路 | 稳定中、粗粒材料 | ≥95 | ≥95 | ≥95 | ≥95 |
| | 稳定细粒材料 | ≥93 | ≥93 | ≥93 | ≥93 |

**5.1.10** 对级配碎石材料,基层压实度应不小于99%,底基层压实度应不小于97%。

**5.1.11** 高速公路和一级公路在极重、特重交通荷载等级下,基层和底基层的压实标准可提高1~2个百分点。

## 5.2 混合料集中厂拌与运输

**5.2.1** 混合料的拌和能力与混合料摊铺能力应相匹配。

**5.2.2** 拌和厂应安置在地势相对较高的位置,并做好排水设施。

**5.2.3** 拌和厂场地应平整并具有足够的承载能力。高速公路和一级公路的拌和厂,场地应采用混凝土硬化,混凝土强度等级应不低于C15,厚度应不小于200mm。

**5.2.4** 工程所需的原材料严禁混杂,应分档隔仓堆放,并有明显的标志。

**5.2.5** 细集料、水泥、石灰、粉煤灰等原材料应有覆盖。对高速公路和一级公路,上述材料严禁露天堆放,应放置于专门搭建的防雨棚内或库房内。

**5.2.6** 对高速公路和一级公路,应采用专用稳定材料拌和设备拌制混合料。稳定细粒材料集中拌和时,土块应粉碎,最大尺寸应不大于15mm。

**5.2.7** 无机结合料稳定中、粗粒材料的拌和生产设备应满足下列要求:
   1 对高速公路和一级公路,混合料拌和设备的产量宜大于500t/h。
   2 拌和设备的料仓数目应与规定的备料档数相匹配,宜较规定的备料档数增加1个。
   3 各个料仓之间的挡板高度应不小于1m。
   4 高速公路的基层施工时,每个料斗与料仓下面应安装称量精度达到±0.5%的电子秤。

**条文说明**
   1 保证混合料施工现场摊铺施工的连续。
   3 避免料仓在加料时各档料的掺混。

**5.2.8** 装水泥的料仓应密闭、干燥,同时内部应装有破拱装置。对高速公路,水泥料仓应配备计重装置,不宜通过电机转速计量水泥的添加量。

**5.2.9** 气温高于30℃时,水泥进入拌缸温度宜不高于50℃;高于50℃时应采取降温措施。气温低于15℃时,水泥进入拌缸温度应不低于10℃。

**5.2.10** 加水量的计量应采用流量计的方式。对高速公路和一级公路,水的流量数值应在中央控制室的控制面板上显示。

**5.2.11** 在正式拌制混合料之前,应先调试所用的设备,使混合料的级配组成和含水率都达到配合比设计的规定要求。原材料的颗粒组成发生变化时,应重新调试设备。

条文说明

用连续式拌和设备拌和水泥混合料时,所得混合料的级配组成取决于喂料斗中原材料的最大粒径和颗粒组成。如原材料的最大粒径和颗粒组成不符合要求,则混合料的级配组成不可能符合要求。

**5.2.12** 在稳定中、粗粒材料生产过程中,应按配合比设计确定的材料规格及数量拌和。

**5.2.13** 高速公路基层的混合料拌和时,宜采用两次拌和的生产工艺,也可采用间歇式拌和生产工艺,拌和时间应不少于15s。

条文说明

现在工程中大多数拌和设备的拌缸长度不大于5m,混合料在拌缸中的拌和时间不超过10s,有的仅有5~6s,难以保证混合料拌和的均匀性。鉴于当前施工设备的情况,本细则提出两次拌和的生产工艺,也就是将两个拌缸串联起来,达到延长拌和时间的目的;或对设备进行改造,达到能够有效控制拌和时间的目的。

**5.2.14** 在拌和过程中,应实时监测各个料仓的生产计量,对高速公路和一级公路,应每10min打印各档料仓的使用量。某档材料的实际掺加量与设计要求值相差超过10%时,应立即停机检查原因,正常后方可继续生产。

条文说明

料仓包括结合料的料仓和加水仓。

**5.2.15** 天气炎热或运距较远时,无机结合料稳定材料拌和时宜适当增加含水率。对稳定中、粗粒材料,混合料的含水率可高于最佳含水率0.5~1个百分点;对稳定细粒材料,含水率可高于最佳含水率1~2个百分点。

条文说明

由于气候原因,在施工过程中允许对混合料的含水率进行适当调整,调整幅度为0.5~2个百分点。但需注意:水泥稳定中、粗粒材料,对含水率的变化十分敏感,如控制不好,容易产生"弹簧"现象;同时,在后期的养生过程中容易产生干缩裂缝。因此,在施工期间需慎重调整含水率。

**5.2.16** 对高速公路和一级公路,应从拌和厂取料,每隔2h测定一次含水率,每隔4h测定一次结合料的剂量,并做好记录。

**5.2.17** 应根据工程量的大小和运距的长短,配备足够数量的混合料运输车。

**5.2.18** 混合料运输车装料前应清理干净车厢,不得存有杂物。

**5.2.19** 混合料运输车装好料后,应用篷布将厢体覆盖严密,直到摊铺机前准备卸料时方可打开。

条文说明

有时由于运距较近,认为不必覆盖篷布。实际上在前场施工时经常会遇到各种原因造成的排队等候,导致混合料水分散失,因此,不论运距多远都要覆盖。

**5.2.20** 对高速公路和一级公路,水泥稳定材料从装车到运输至现场,时间宜不超过1h,超过2h时应作为废料处置。

条文说明

如超过2h,再加上摊铺碾压成型的时间,将会超过水泥稳定材料的初凝时间,导致混合料性能的衰减。

**5.2.21** 对无机结合料稳定中、粗粒材料,在装料过程中应采取措施减小混合料的离析。

## 5.3 混合料人工拌和

**5.3.1** 混合料人工拌和工艺应包括现场准备、布料和拌和等流程。

条文说明

人工拌和工艺流程见图5-1。

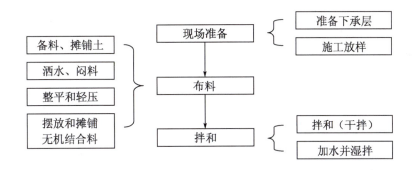

图 5-1 混合料人工路拌法施工的工艺流程

**5.3.2** 下承层表面应平整、坚实,具有规定的路拱,下承层的平整度和压实度应符合本细则相关规定。

**5.3.3** 下承层为路基时,宜用 12～15t 三轮压路机或等效的碾压机械碾压 3～4 遍,并应符合下列规定:
1 在碾压过程中,发现表层松散时,宜适当洒水。
2 发现"弹簧"现象时,宜采用挖开晾晒、换土、掺石灰或水泥等措施处理。

**5.3.4** 下承层为粒料底基层时,应检测弯沉值。不符合设计要求时,应根据具体情况,采取措施,使之达到本细则规定的标准。

**5.3.5** 下承层为原路面时,应检查其材料是否符合底基层材料的技术要求;不符合要求时,应翻松原路面并采取必要的处理措施。

**5.3.6** 底基层或原路面上存在低洼和坑洞时,应填补及压实;对搓板和辙槽应刮除;对松散应耙松洒水并重新碾压,达到平整密实。

**5.3.7** 新完成的底基层或路基,应按相关标准的规定验收,验收合格后方可铺筑上层稳定材料层。

**5.3.8** 在槽式断面的路段,宜在两侧路肩上每隔 5～10m 交错开挖泄水沟。

**5.3.9** 应在底基层或原路面或路基上恢复中线,直线段应每 15～20m 设一桩,平曲线段应每 10～15m 设一桩,并应在两侧路肩边缘外设指示桩。

**5.3.10** 在两侧指示桩上应用明显标记标出稳定材料层边缘的设计高程。

**5.3.11** 使用原路面或路基上部材料备料时,应符合下列规定:

1 清除原路面上或路基表面的石块等杂物。

2 每隔10～20m挖一小洞,使洞底高程与预定的无机结合料稳定材料层的底面高程相同,并在洞底做一标记,控制翻松及粉碎的深度。

3 用犁、松土机或装有强固齿的平地机或推土机将原路面或路基的上部翻松到预定的深度,土块应粉碎到符合要求。

4 用犁将土向路中心翻松,使预定处治层的边部呈一个垂直面。

5 用专用机械粉碎黏性土。无专用机械时,也可用旋转耕作机、圆盘耙等设备粉碎塑性指数不大的土。

**5.3.12** 使用料场的材料备料时,应符合下列规定:

1 采集材料前,应将树木、草皮和杂土清除干净。

2 应筛除材料中的超尺寸颗粒。

3 应在预定的深度范围内采集材料,不宜分层采集,不应将不合格的材料与合格的材料一起采集。

4 对塑性指数大于12的黏性土,可视土质和机械性能确定是否需要过筛。

**5.3.13** 应按下列方法计算现场拌和时的工程数量:

1 根据各路段无机结合料稳定材料层的宽度、厚度及预定的干密度,计算各路段需要的干燥材料的数量。

2 根据料场材料的含水率和所用运料车辆的吨位,计算每车料的堆放距离。

3 根据无机结合料稳定材料层的厚度和预定的干密度及水泥剂量,计算每平方米无机结合料的用量,并确定摆放的纵横间距。

**5.3.14** 堆料前应用两轮压路机碾压1～2遍,整平表面,并在预定堆料的路段上洒水,使其表面湿润,但不宜过分潮湿。

**5.3.15** 材料装车时,应控制每车料的质量基本相等。

**5.3.16** 在同一料场供料的路段内,宜由远到近将料按本细则第5.3.13条的规定计算距离卸置于下承层表面的中间或两侧。应严格掌握卸料距离。

**5.3.17** 材料在下承层上的堆置时间不宜过长。材料运送宜比摊铺工序提前1～2d。

**5.3.18** 路肩用料与稳定材料层用料不同时,应先将两侧路肩培好。路肩料层的压实厚度应与稳定材料层的压实厚度相同。在两侧路肩上,宜每隔5～10m交错开挖临时泄水沟。

**5.3.19** 石灰稳定材料除应满足本细则第5.3.11条~第5.3.18条的规定外,尚应符合下列规定:

1 分层采集材料时,应将不同层位材料混合装车运送到现场。
2 对塑性指数小于15的黏性土,可视土质和机械性能确定是否需要过筛。
3 石灰应选择临近水源、地势较高且宽敞的场地集中覆盖封存堆放。
4 生石灰块应在使用前7~10d充分消解,消解后的石灰应保持一定的湿度,不得产生扬尘,也不可过湿成团。
5 消石灰宜过9.5mm筛,并尽快使用。
6 材料组成设计与现场实际施工的时间间隔长时,应重新做材料组成设计。
7 被稳定材料宜先摊平并用两轮压路机碾压1~2遍,再人工摊铺石灰。
8 按计算的每车石灰的纵横间距,在被稳定材料层上做标记,并画出边线。
9 用刮板将石灰均匀摊开,表面应没有空白位置。
10 应量测石灰的松铺厚度,校核石灰用量。

**条文说明**

3 石灰堆放时间长时,特别在没有覆盖的情况下,其有效氧化钙和氧化镁的含量会大幅度下降,原先质量符合Ⅲ级的石灰在无覆盖情况下堆放几个月,其质量可降到等外石灰,影响混合料的强度和稳定性。

4 石灰在使用前应充分消解。使用消解不充分的石灰稳定土,碾压完成后,在养生过程中,会引起局部胀松鼓包,影响稳定土层的强度和平整度。

6 如材料组成设计与现场实际施工的时间间隔长,石灰的质量可能明显降低。为保证石灰稳定材料具有规定的强度,需要重新做材料组成设计。

7 石灰摊铺均匀是石灰在混合料中分布均匀的前提。只有在平整和具有一定密度的材料层上,人工摊铺石灰才能均匀。因此,材料需要摊平并碾压1~2遍。该规定对稳定细粒材料和人工摊铺粒料尤为重要。

**5.3.20** 石灰粉煤灰稳定材料除应满足本细则第5.3.19条的规定外,尚应符合下列规定:

1 粉煤灰在场地集中堆放时,应覆盖,避免雨淋。在堆放过程中粉煤灰凝结成块时,使用前应打碎。
2 运到现场的粉煤灰应含有足够的水分,在干燥和多风季节,应采取措施保持表面湿润。
3 采用石灰粉煤灰时,应先将粉煤灰运到现场。
4 每种材料摊铺均匀后,宜先用两轮压路机碾1~2遍,再运送并摊铺下一种材料。

**5.3.21** 水泥稳定材料应符合下列规定:
1 被稳定材料应在摊铺水泥的前一天摊铺,雨季施工期间,预计第二天有雨时,不宜提前摊铺材料。

2 摊铺长度应按日进度的需要量控制。

3 摊铺材料过程中,应将土块、超尺寸颗粒及其他杂物拣除。土中有较多土块时,应粉碎。

4 按计算的每袋水泥摆放的纵横间距,在被稳定材料层上做标记,并将当日施工用水泥卸在做标记的地点,并检查有无遗漏和多余。

5 用刮板将水泥均匀摊开,路段表面应没有空白位置,也没有水泥过分集中的区域,每袋水泥的摊铺面积应相等。

5.3.22 混合料松铺系数可采用表5.3.22中的推荐值,也可通过试验确定。

表5.3.22 混合料松铺系数推荐值

| 混合料类型 | 材料名称 | 松铺系数 | 备注 |
| --- | --- | --- | --- |
| 水泥稳定材料 | 中、粗粒材料 | 1.30~1.35 | — |
|  | 细粒材料 | 1.53~1.58 | 现场人工摊铺土和水泥,机械拌和,人工整平 |
| 石灰稳定材料 | 石灰土 | 1.53~1.58 | 现场人工摊铺土和石灰,机械拌和,人工整平 |
|  |  | 1.65~1.70 | 路外集中拌和,运到现场人工摊铺 |
|  | 石灰土砾石 | 1.52~1.56 | 路外集中拌和,运到现场人工摊铺 |
| 石灰粉煤灰稳定材料 | 细粒材料 | 1.5~1.7 | — |
|  | 中、粗粒材料 | 1.3~1.5 | — |
|  | 石灰煤渣土 | 1.6~1.8 | 人工铺筑 |
|  | 石灰煤渣稳定材料 | 1.3~1.5 | — |
|  |  | 1.2~1.3 | 用机械拌和及机械整形 |
| 级配碎石 |  | 1.40~1.50 | 人工摊铺混合料 |
|  |  | 1.25~1.35 | 平地机摊铺混合料 |

5.3.23 应检验松铺土层的厚度,其厚度应满足预定的要求。

5.3.24 人工摊铺的土层整平后,应采用两轮压路机碾压1~2遍,使其表面平整,并有一定的压实度。

5.3.25 已整平材料含水率过小时,应在土层上洒水闷料,且应符合下列规定:

1 洒水应均匀。

2 严禁洒水车在洒水段内停留和掉头。

3 采用高效率的路拌机械时,闷料时宜一次将水洒够。

4 采用普通路拌机械时,闷料时所洒水量宜较最佳含水率低2~3个百分点。

5 细粒材料应经一夜闷料,中粒和粗粒材料可视其中细粒材料的含量,缩短闷料时间。

6 对综合稳定材料,应先将石灰和土拌和后一起闷料。

7 对水泥稳定材料,应在摊铺水泥前闷料。

**5.3.26** 级配碎石或砾石施工应符合下列规定:

1 用平地机或其他合适的机具将材料均匀地摊铺在预定的宽度上,表面应平整,并具有规定的路拱。

2 采用不同粒级的碎石和石屑时,宜将大粒径碎石铺在下层,中粒径碎石铺在中层,小粒径碎石铺在上层,洒水使碎石湿润后,再摊铺石屑。

3 对未筛分碎石,摊铺平整后,应在其较潮湿的情况下,将石屑卸置其上,用平地机并辅以人工将石屑均匀摊铺在碎石层上。

4 检查材料层的松铺厚度,必要时,应进行减料或补料工作。

5 同时摊铺路肩用料。

**条文说明**

3 对未筛分碎石,一定要在较潮湿情况下才能往上铺撒石屑,否则一旦开始拌和,石屑就会落到底部。

**5.3.27** 严禁在拌和层底部留有素土夹层,并应符合下列规定:

1 采用专用稳定材料拌和设备拌和时,设专人随时检查拌和深度,并配合拌和设备操作员调整拌和深度。

2 拌和深度应达稳定层底并宜侵入下承层不小于 5~10mm。

**5.3.28** 二级以下公路在没有专用拌和设备时,可用农用旋转耕作机与多铧犁或平地机相配合拌和,拌和时间不可过长。

**5.3.29** 对石灰稳定材料,在拌和时应符合下列规定:

1 对石灰稳定碎石或砾石,先将石灰和需添加的黏性土拌和均匀,然后均匀地摊铺在碎石或砾石层上,再一起拌和。

2 对石灰稳定塑性指数大的黏土,宜先加70%~100%预定剂量的石灰拌和,闷放1~2d,再补足需用的石灰,进行第二次拌和。

**5.3.30** 对石灰粉煤灰稳定中、粗粒材料,应先将石灰和粉煤灰拌和均匀,然后均匀地摊铺在材料层上,再一起拌和。

**5.3.31** 拌和过程结束时,应及时检测含水率,含水率宜略大于最佳值。含水率不足时,宜用喷管式洒水车补充洒水。洒水车不应在正拌和以及当天计划拌和的路段上掉头和停留。

**条文说明**

碾压时混合料的含水率可以略大于最佳含水率,是为了弥补碾压过程中水分的损失。

**5.3.32** 洒水后,应及时再次拌和。

**5.3.33** 混合料拌和均匀后应色泽一致,没有灰条、灰团和花面,以及无明显粗细集料离析现象。

**5.3.34** 对二级以下公路的级配碎石,可采用平地机或多铧犁与缺口圆盘耙相配合拌和,应符合下列规定:

1 用稳定材料拌和设备时,应拌和两遍以上,拌和深度应直到级配碎石层底。
2 用平地机拌和时,宜翻拌5~6遍,使石屑均匀分布于碎石料中。平地机拌和的作业长度,每段宜为300~500m。
3 用缺口圆盘耙与多铧犁相配合拌和级配碎石时,多铧犁在前面翻拌,圆盘耙紧跟在后面拌和,共翻耙4~6遍,应随时检查调整翻耙的深度。
4 拌和结束时,混合料的含水率和均匀性应符合本细则第5.3.33条的要求。

**5.3.35** 使用在料场已拌和均匀的级配碎石或砾石混合料,摊铺后有粗细颗粒离析现象时,应用平地机补充拌和。

## 5.4 摊铺机摊铺与碾压

**5.4.1** 混合料摊铺应保证足够的厚度,碾压成型后每层的摊铺厚度宜不小于160mm,最大厚度宜不大于200mm。

**5.4.2** 具有足够的摊铺能力和压实功率时,可增加碾压厚度,具体的摊铺厚度应根据试验结果确定。大厚度的摊铺施工时,应增加相应的拌和能力。

**条文说明**

近些年有些地方的工程出现摊铺厚度大于200mm的情况,如碾压厚度为240mm或280mm。碾压厚度的增加,可以减少结构层的数量,改善层间结合,提高路面结构的整体性。但是要实现大厚度摊铺碾压,需要具备相应的大功率摊铺设备和足够的碾压设备和碾压功率。同时需要通过灌砂、钻芯等手段加强质量抽检,确保摊铺混合料的压实度、均匀性满足技术要求。

混合料拌和能力没有提高时,大厚度摊铺不能有效提高混合料的施工效率,反而出现严重的等料情况,影响混合料摊铺的均匀性,造成过多的施工缝,影响施工质量。因此,如混合料的摊铺厚度为240mm,比传统的200mm增加20%的厚度,那么,混合料的拌和能力也需要提高20%。

**5.4.3** 应在下承层施工质量检测合格后,开始摊铺上面结构层。采用两层连续摊铺时,下层质量出现问题时,上层应同时处理。

**条文说明**

上下两层连续摊铺可以有效改善层间结合状态,缩短养生周期及节约成本,缩短施工工期,因此被不少单位使用。但是,这种施工方法缺乏对下层质量的有效控制,鉴于目前国内的施工现状,两层连续摊铺的施工工艺需慎重使用。

**5.4.4** 下承层是稳定细粒材料时,宜先将下承层顶面拉毛或采用凸块式压路机碾压,再摊铺上层混合料;下承层是稳定中、粗粒材料时,应先将下承层清理干净,并洒铺水泥净浆,再摊铺上层混合料。

**5.4.5** 应采用摊铺功率不低于120kW的沥青混凝土摊铺机或稳定材料摊铺机摊铺混合料。

**5.4.6** 采用两台摊铺机并排摊铺时,两台摊铺机的型号及磨损程度宜相同。在施工期间,两台摊铺机的前后间距宜不大于10m,且两个施工段面纵向应有300~400mm的重叠。

**5.4.7** 对无法使用机械摊铺的超宽路段,应采用人工同步摊铺、修整,并同时碾压成型。

**5.4.8** 摊铺机前宜增设橡胶挡板,橡胶挡板底部距下承层距离宜不大于100mm。

**5.4.9** 在摊铺机后面应设专人消除粗细集料离析现象,及时铲除局部粗集料堆积或离析的部位,并用新拌混合料填补。

**5.4.10** 对高速公路和一级公路,在摊铺过程中宜设立纵向模板。

**5.4.11** 二级以下公路没有摊铺机时,可采用摊铺箱摊铺混合料。

**5.4.12** 水泥稳定材料结构层施工时,应在混合料处于或略大于最佳含水率的状态下碾压。气候炎热干燥时,碾压时的含水率可比最佳含水率增加 0.5～1.5 个百分点。

**5.4.13** 石灰稳定材料和石灰粉煤灰稳定材料碾压时应处于最佳含水率或略大于最佳含水率状态,含水率宜增加 1～2 个百分点。

**5.4.14** 应根据施工情况配备足够的碾压设备,并应符合下列规定:
1 双向四车道高速公路或一级公路的半幅摊铺时,应配备不少于 4 台重型压路机。
2 双向六车道的半幅摊铺时,应配备不少于 5 台重型压路机。

**5.4.15** 应安排专人负责指挥碾压,严禁漏压和产生轮迹。

**5.4.16** 采用钢轮压路机初压时,宜采用双钢轮压路机稳压 2～3 遍,再用激振力大于 35t 的重型振动压路机、18～21t 三轮压路机或 25t 以上的轮胎压路机继续碾压密实,最后采用双钢轮压路机碾压,消除轮迹。

**5.4.17** 采用胶轮压路机初压时,应采用 25t 以上的重胶轮压路机稳压 1～2 遍,错轮不超过 1/3 的轮迹带宽度,再采用重型振动压路机碾压密实,最后采用双钢轮压路机碾压,消除轮迹。

**条文说明**

工程实践证明,这种碾压方式对厚度较大的稳定中、粗粒材料结构层具有良好的碾压效果,可以有效减少碾压过程中造成的施工离析。但是在后续的碾压过程中要注意消除轮迹。

**5.4.18** 对稳定细粒材料,在采用上述碾压工艺时,最后的碾压收面可采用凸块式压路机碾压。

**条文说明**

采用凸块式压路机碾压时,需注意土质类型和碾压时机。

**5.4.19** 在碾压过程中出现软弹现象时,应及时将该路段混合料挖出,重新换填新料碾压。

**5.4.20** 碾压成型后的表面应平整、无轮迹。

**条文说明**

碾压完成后,在保证压实度的前提下,路面表面没有轮迹是基本的施工要求。

**5.4.21** 碾压过程中,压路机严禁随意停放,应停放在已碾压完成的路段。

**5.4.22** 混合料摊铺时,应保持连续。对水泥稳定材料,因故中断时间大于2h时,应设置横向接缝,并应符合下列规定:

1 人工将末端含水率合适的混合料整齐,紧靠混合料末端放两根方木,方木的高度应与混合料的压实厚度相同,整平紧靠方木的混合料。

2 方木的另一侧用砾石或碎石回填约3m长,其高度应高出方木2~3cm,并碾压密实。

3 在重新开始摊铺混合料之前,应将砾石或碎石和方木除去,并将下承层顶面清扫干净。

4 摊铺机应返回到已压实层的末端,重新开始摊铺混合料。

5 摊铺中断大于2h且未按上述方法处理横向接缝时,应将摊铺机附近及其下面未经压实的混合料铲除,并将已碾压密实且高程和平整度符合要求的末端挖成与路中心线垂直并垂直向下的断面,再摊铺新的混合料。

**5.4.23** 摊铺时宜避免纵向接缝,分两幅摊铺时,纵向接缝处应加强碾压。存在纵向接缝时,纵缝应垂直相接,严禁斜接,并应符合下列规定:

1 在前一幅摊铺时,宜在靠中央的一侧用方木或钢模板做支撑,方木或钢模板的高度应与稳定材料层的压实厚度相同。

2 应在摊铺另一幅之前拆除支撑。

**条文说明**

如不按规定做成垂直相接,接缝处就会成为一条薄弱带,该薄弱带上沥青面层会很快龟裂破坏。

**5.4.24** 碾压贫混凝土等强度较高的基层材料成型后可采用预切缝措施,应符合下列规定:

1 预切缝的间距宜为8~15m。

2 宜在养生的3~5d内切缝。

3 切缝深度宜为基层厚度的1/2~1/3,切缝宽度约5mm。

4 切缝后应及时清理缝隙,并用热沥青填满。

## 5.5 人工摊铺与碾压

**5.5.1** 混合料拌和均匀后,应及时用平地机初步整形。

**条文说明**

在直线段,平地机由两侧向路中心刮平;在平曲线段,平地机由内侧向外侧刮平。必要时,再返回刮一遍。

**5.5.2** 在初平的路段上,应用拖拉机、平地机或轮胎压路机快速碾压一遍。

**5.5.3** 整形前,对局部低洼处应用齿耙将其表层 50mm 以上的材料耙松,并用新拌的混合料找平,再碾压一遍。

**5.5.4** 应用平地机再整形一次,应将高处料直接刮出路外,严禁形成薄层贴补现象。

**5.5.5** 反复整形,直至满足技术要求,每次整形都应达到规定的坡度和路拱。

**5.5.6** 人工整形时,应用锹和耙先将混合料摊平,用路拱板整形。用拖拉机初压 1~2 遍后,应根据实测松铺系数,确定纵横断面高程,并设置标记和挂线。

**5.5.7** 在整形过程中,严禁任何车辆通行,并应保持无明显的粗细集料离析现象。

**条文说明**

平地机整形易将粗集料刮到表面,造成离析,而且平地机来回刮平的次数愈多,离析现象可能愈严重。需设一小组负责消除平地机整形后的离析现象,将粗集料铲除,换以新鲜的拌和均匀的混合料。

**5.5.8** 应根据路宽、压路机的轮宽和轮距的不同,制订碾压方案,使各部分碾压到的次数尽量相同,路面的两侧宜多压 2~3 遍。

**5.5.9** 整形后,混合料的含水率满足要求时,应立即对结构层进行全宽碾压。在直线段和不设超高的平曲线段,宜从两侧路肩向路中心碾压,且轮迹应重叠 1/2 轮宽,后轮应超过两段的接缝处。碾压次数宜为 6~8 遍。

**5.5.10** 压路机前两遍的碾压速度宜为 1.5~1.7km/h,以后宜为 2.0~2.5km/h。

**5.5.11** 采用人工摊铺和整形的稳定材料层,宜先用拖拉机或 6~8t 两轮压路机或轮胎压路机碾压 1~2 遍,再用重型压路机碾压。

**5.5.12** 严禁压路机在已完成的或正在碾压的路段上掉头或紧急制动。

**5.5.13** 碾压过程中,无机结合料稳定材料的表面应始终保持湿润,水分蒸发过快时,宜及时补洒少量的水,严禁大量洒水。

**5.5.14** 碾压过程中,有"弹簧"、松散、起皮等现象时,应及时翻开重新拌和或用其他方法处理。

**5.5.15** 在碾压结束前,应用平地机终平一次,纵坡、路拱和超高应符合设计要求。终平时,应将局部高出部分刮除并扫出路外;对局部低洼之处,不再找补。

**5.5.16** 碾压应达到要求的压实度,并没有明显的轮迹。

**5.5.17** 级配碎石施工,应符合下列规定:
1 用平地机按规定的路拱整平和整形。在整形过程中,应消除粗细集料离析。
2 用拖拉机、平地机或轮胎压路机在已初平的路段上快速碾压一遍,再用平地机整平和整形。

**5.5.18** 同日施工的两工作段的衔接处理应符合下列规定:
1 前一段拌和整形后,留 5~8m 不碾压。
2 后一段施工时,在前一段的未压部分再加部分水泥重新拌和,并与后一段一起碾压。

**5.5.19** 应做好每天最后一段的施工缝,并应符合下列规定:
1 在已碾压完成的无机结合料稳定材料层末端,挖一条横贯铺筑层全宽的宽约300mm 的槽,直至下承层顶面。形成与路的中心线垂直并垂直向下的断面,并放两根与压实厚度等厚、长为全宽一半的方木紧贴垂直面,见图 5.5.19。
2 用原挖出的材料回填槽内其余部分。
3 第二天邻接作业段拌和后除去方木,用混合料回填。
4 靠近方木未能拌和的一小段,应人工补充拌和。
5 整平时,接缝处的稳定材料应较已完成断面高出约 50mm。
6 新混合料碾压过程中,应将接缝修整平顺。

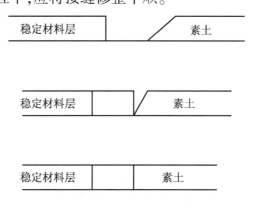

图 5.5.19 横向接缝处理示意图

**5.5.20** 施工机械掉头处应符合下列规定：

1 在准备用于掉头的 8~10m 长的稳定材料层上，覆盖一张厚塑料布或油毡纸，再铺上约 100mm 厚的土、砂或砾石。

2 整平时，宜用平地机将塑料布或油毡纸上大部分材料除去，再人工除去余下的材料，并收起塑料布或油毡纸。

**5.5.21** 水泥稳定材料层的施工应避免纵向接缝。分两幅施工时，纵缝应垂直相接，并应符合下列规定：

1 前一幅施工时，在靠中央一侧应用与稳定材料层的压实厚度相同的方木或钢模板作支撑。

2 混合料拌和结束后，靠近支撑的部分，应人工补充拌和，再整形和碾压。

3 应在铺筑后一幅之前拆除支撑。

4 后一幅混合料拌和结束后，靠近前一幅的部分，宜人工补充拌和，再整形和碾压。

**5.5.22** 级配碎石施工的接缝处理应符合下列规定：

1 两作业段的衔接处应搭接拌和、整平和碾压。

2 宜避免纵向接缝。在分两幅铺筑时，纵缝应搭接拌和、整平和碾压，搭接宽度宜不小于 300mm。

# 6 养生、交通管制、层间处理及其他

## 6.1 一般规定

**6.1.1** 无机结合料稳定材料层碾压完成并经压实度检查合格后,应及时养生。

**6.1.2** 无机结合料稳定材料的养生期宜不少于7d,养生期宜延长至上层结构开始施工的前2d。

**条文说明**

严格意义上说,基层从摊铺碾压完成,到铺筑上层结构层之前都属于养生期。因此,施工单位需制订合理的施工组织设计,安排好工序。

7d是无机结合料稳定材料施工质量控制的一个时间节点。在第7天需要开展一系列的质量评定检测,因此,一般情况下,无机结合料稳定材料施工后需要养生7d。但这并不意味着,仅需要养生7d,其养生期可直至上承层铺设之前。之所以给定2d时间,是因为在上承层施工之前,需要对现有施工断面进行清理并进行施工机械的调运、安装以及必要的层间处理。

**6.1.3** 养生可采取洒水养生、薄膜覆盖养生、土工布覆盖养生、铺设湿砂养生、草帘覆盖养生、洒铺乳化沥青养生等方式,宜结合工程实际情况选择适宜的方式。

**6.1.4** 养生期间应封闭交通,除洒水车和小型通勤车辆外严禁其他车辆通行。

**条文说明**

无机结合料稳定材料结构层养生7d后,其结构强度仍无法承受施工期间各种运料车的荷载,极易导致各种裂缝的产生,因此有必要封闭交通。

**6.1.5** 无机结合稳定材料层过冬时应采取必要的保护措施。

**条文说明**

为了保证无机结合料稳定材料的质量,防止被冻坏,需要采取必要的处置措施。如合理安排基层施工时间,对直接暴露过冬的水泥稳定材料,其上需覆盖100~200mm的砂土保护层等。

**6.1.6** 根据结构层位的不同和施工工序的要求,应择机进行层间处理。

## 6.2 养生方式

**6.2.1** 洒水养生宜作为水泥稳定材料的基本养生方式,并应符合下列规定:
  1 每天洒水次数应视气候而定。高温期施工,宜上、下午各洒水2次。
  2 养生期间,稳定材料层表面应始终保持湿润。
  3 对于石灰稳定或石灰粉煤灰稳定材料层应注意表层情况,必要时,可用两轮压路机补充压实。

**6.2.2** 薄膜覆盖养生应符合下列规定:
  1 混合料摊铺碾压成型后,可覆盖薄膜,薄膜厚度宜不小于1mm。
  2 薄膜之间应搭接完整,避免漏缝,薄膜覆盖后应用砂土等材料呈网格状堆填,局部薄膜破损时,应及时更换。
  3 养生至上层结构层施工前1~2d,方可将薄膜掀开。
  4 对蒸发量较大的地区或养生时间大于15d的工程,在养生过程中应适当补水。

**6.2.3** 土工布养生应符合下列规定:
  1 宜采用透水式土工布全断面覆盖,也可铺设防水土工布。
  2 铺设过程中应注意缝之间的搭接,不应留有间隙。
  3 铺设土工布后,应注意洒水,每天洒水次数应视气候而定。高温期施工,上、下午宜各洒水一次。
  4 养生至上层结构层施工前1~2d,方可将土工布掀开。
  5 在养生过程中应采取有效措施防止土工布破损。

**6.2.4** 铺设湿砂养生应符合下列规定:
  1 砂层厚宜为70~100mm。
  2 砂铺匀后,宜立即洒水,并在整个养生期间保持砂的潮湿状态,不得用湿黏性土覆盖。
  3 养生结束后,应将覆盖物清除干净。

**6.2.5** 草帘覆盖养生应符合下列规定:
  1 全断面铺设草帘。
  2 草帘铺设后应注意洒水,每天洒水的次数应视气候而定。高温期施工,上、下午宜各洒水一次,每次洒水应将草帘浸湿。

  **3** 必要时可采用土工布与草帘双层覆盖养生。

**6.2.6** 对沥青面层厚度大于20cm的结构或二级及二级以下公路的无机结合料稳定材料的基层可采用洒铺乳化沥青方式养生,并应符合下列规定:

  **1** 表面干燥时,宜先喷洒少量水,再喷洒沥青乳液。

  **2** 采用稀释沥青时,宜待表面略干时再喷洒沥青。

  **3** 在用乳液养生前,应将基层清扫干净。

  **4** 沥青乳液的沥青用量宜采用0.8~1.0kg/m²,分两次喷洒。

  **5** 第一次喷洒时,宜采用沥青含量约35%的慢裂沥青乳液,第二次宜喷洒浓度较大的沥青乳液。

  **6** 不能避免施工车辆通行时,应在乳液破乳后撒布粒径4.75~9.5mm的小碎石,做成下封层。

**条文说明**

  采用洒铺乳化沥青方式养生曾在我国不少工程上使用过,但实践表明,这种方法不利于基层与沥青面层的有效结合,特别对于极重、特重交通荷载等级,或沥青面层厚度小于180mm的路面结构。因此,其使用条件需要限定。

## 6.3 交通管制

**6.3.1** 正式施工前宜建好施工便道。对高速公路和一级公路,无施工便道,不应施工。

**条文说明**

  修建施工便道主要是为了施工期间便于大型施工车辆的通行,避免对强度尚未形成的无机结合料稳定材料结构层的碾压,干扰其养生以及造成早期损伤。

**6.3.2** 无机结合料稳定材料养生期间,小型车辆和洒水车的行驶速度应小于40km/h。

**条文说明**

  行驶速度过快,容易造成养生路段覆盖材料的损坏。

**6.3.3** 无机结合料稳定材料养生7d后,施工需要通行重型货车时,应有专人指挥,按规定的车道行驶,且车速应不大于30km/h。

**6.3.4** 级配碎石、级配砾石基层未做透层沥青或铺设封层前,严禁开放交通。

**6.3.5** 无法安排施工便道而需要车辆通行时,应符合下列规定:
1 合理安排施工工序,保障 7~15d 的养生期。
2 宜在硬路肩或临时停车带的位置划出专门车道,专人指挥车辆通行。
3 无机结合料稳定材料应适当提高早期强度。
4 限定载重车辆的轴载,应不大于 13t。

## 6.4 无机结合料稳定材料层之间的处理

**6.4.1** 在上层结构施工前,应将下层养生用材料彻底清理干净。

**6.4.2** 应采用人工、小型清扫车以及洒水冲刷的方式将下层表面的浮浆清理干净。下承层局部存在松散现象时,也应彻底清理干净。

**6.4.3** 下承层清理后应封闭交通。在上层施工前 1~2h,宜撒布水泥或洒铺水泥净浆。

**6.4.4** 可采用上下结构层连续摊铺施工的方式,每层施工应配备独立的摊铺和碾压设备,不得采用一套设备在上下结构层来回施工。

**条文说明**

近些年一些工程提出采用上下结构层连续施工的方式保证层间结合,但这样施工需配备两套摊铺设备,以减少施工缝。同时也要求稳定土拌和设备具有足够的生产能力,才能保证上下结构层的连续施工。

**6.4.5** 稳定细粒材料结构层施工时,根据土质情况,最后一道碾压工艺可采用凸块式压路机碾压。

## 6.5 无机结合料稳定材料基层与沥青面层之间的处理

**6.5.1** 在沥青面层施工前 1~2d 内,应清理基层顶面。

**6.5.2** 应彻底清除基层顶面养生期间的覆盖物。

**6.5.3** 应采用人工清扫、小型清扫车、空压机以及洒水冲刷等方式将基层表面的浮浆清理干净,并应符合下列规定:
1 基层表面达到无浮尘、无松动状态。
2 清理出小坑槽时,不得用原有基层材料找补。

3 清理出较大范围松散时,应重新评定基层质量,必要时宜返工处理。

**6.5.4** 在基层表面干燥的状态下,可洒铺透层油。透层油宜采用稀释沥青、煤沥青或乳化沥青,沥青洒铺量宜为 $0.3\sim0.6$ kg/m$^2$。

**6.5.5** 透层油施工后严禁一切车辆通行,直至上层施工。

**6.5.6** 下封层或黏层应在透层油挥发、破乳完成后施工,并封闭交通。

**6.5.7** 对极重、特重交通荷载等级或较薄的沥青面层,基层顶面应采用热洒沥青的方式加强层间结合,并应符合下列规定:
 1 根据工程情况,热洒沥青可采用普通沥青、改性沥青或橡胶沥青。对高速公路和一级公路的极重、特重交通荷载等级,或沥青面层厚度小于150mm时,宜选择SBS改性沥青或橡胶沥青。
 2 普通沥青的洒铺量宜为 $1.8\sim2.2$ kg/m$^2$,SBS改性沥青宜为 $2.0\sim2.4$ kg/m$^2$,橡胶沥青宜为 $2.2\sim2.6$ kg/m$^2$。
 3 沥青洒铺时应均匀,避免漏洒,纵向接缝应重叠2/3单一喷口的洒铺范围,横向接缝应齐整,不应重叠。
 4 撒布的碎石宜选择洁净、干燥、单一粒径的石灰岩石料,超粒径含量应不大于10%,粒径范围宜为13.2~19mm。
 5 碎石撒布前应通过拌和设备加热、除尘、筛分,碎石撒布到路面前的温度应不低于80℃。
 6 碎石撒布量宜为满铺面积的60%~70%,不得重叠。
 7 高速公路和一级公路,不宜采用同步碎石施工设备,应采用分离式的施工设备。
 8 沥青洒铺车的容量宜不少于10t,1台沥青洒铺车应配备2台碎石撒布车。

**条文说明**

 2 沥青洒铺量与沥青的黏度大小成正比,黏度越大,沥青洒铺量越多,工程效果越好。
 4 只有保障碎石的单一粒径,才能保证碎石撒布的均匀性,同时撒布碎石的粒径过小容易导致碎石的重叠,造成层间滑动。
 5 加热碎石是保障碎石与沥青有效黏结的必要措施。
 7 同步碎石施工设备尽管可以同时洒铺沥青和撒布碎石,施工方便,但是施工效率低,存在质量控制的盲点,无法随时检测沥青洒铺量和碎石撒布量,因此不宜用于高速公路和一级公路的施工。
 8 为了保障连续施工、提高施工效率,这种设备组合是最合理的。当然如有2台沥青洒铺车,则需要配备4台碎石撒布车。

## 6.6 基层收缩裂缝的处理

**6.6.1** 基层在养生过程中出现裂缝,经过弯沉检测,结构层的承载能力满足设计要求时,可继续铺筑上面的沥青面层,也可采取下列措施处理裂缝:
1 在裂缝位置灌缝。
2 在裂缝位置铺设玻璃纤维格栅。
3 洒铺热改性沥青。

**条文说明**

灌缝时原则上不对裂缝扩缝。铺设玻璃纤维格栅与洒铺热改性沥青综合处治是当前处治裂缝向上反射的最佳措施,适用于基层裂缝比较严重的路段。

# 7 填隙碎石施工技术要求

## 7.1 一般规定

**7.1.1** 填隙碎石可采用干法或湿法施工。干旱缺水地区宜采用干法施工。

**7.1.2** 单层填隙碎石的压实厚度宜为公称最大粒径的 1.5~2.0 倍。

## 7.2 材料技术要求

**7.2.1** 填隙碎石用作基层时，骨料的公称最大粒径应不大于 53mm；用作底基层时，应不大于 63mm。

**7.2.2** 用作基层时骨料的压碎值应不大于 26%，用作底基层时应不大于 30%。骨料中针片状颗粒和软弱颗粒的含量应不大于 15%。

**7.2.3** 骨料可用具有一定强度的各种岩石或漂石轧制，宜采用石灰岩。采用漂石时，其粒径应大于骨料公称最大粒径的 3 倍。

**条文说明**

用漂石轧制骨料时，漂石的粒径大于骨料公称最大粒径的 3 倍以上，是为了增加碎石的破裂面，从而提高内摩擦角。

**7.2.4** 骨料也可以用稳定的矿渣轧制。矿渣的干密度和质量应均匀，且干密度应不小于 960kg/m³。

**7.2.5** 填隙碎石用骨料的颗粒组成应符合表 7.2.5 的规定。

表 7.2.5 填隙碎石用骨料的颗粒组成（%）

| 项次 | 工程粒径 (mm) | 筛孔尺寸(mm) | | | | | | |
|---|---|---|---|---|---|---|---|---|
| | | 63 | 53 | 37.5 | 31.5 | 26.5 | 19 | 16 | 9.5 |
| 1 | 30~60 | 100 | 25~60 | — | 0~15 | — | 0~5 | — | — |

表 7.2.5(续)

| 项次 | 工程粒径(mm) | 筛孔尺寸(mm) | | | | | | | |
|---|---|---|---|---|---|---|---|---|---|
| | | 63 | 53 | 37.5 | 31.5 | 26.5 | 19 | 16 | 9.5 |
| 2 | 25～50 | — | 100 | — | 25～50 | 0～15 | — | | 0～5 |
| 3 | 20～40 | — | — | 100 | 35～37 | — | 0～15 | — | 0～5 |

**7.2.6** 采用表 7.2.5 中的 1 号骨料时,填隙料的公称最大粒径宜为 9.5mm,2、3 号骨料的填隙料可采用表 7.2.6 中的级配。

表 7.2.6 填隙料的颗粒组成

| 筛孔尺寸(mm) | 9.5 | 4.75 | 2.36 | 0.6 | 0.075 | 塑性指数 |
|---|---|---|---|---|---|---|
| 通过质量百分率(%) | 100 | 85～100 | 50～70 | 30～50 | 0～10 | <6 |

**7.2.7** 填隙料宜采用石屑,缺乏石屑地区,可添加细砾砂或粗砂等细集料。

## 7.3 施工工法

**7.3.1** 填隙碎石施工时,应符合下列规定:
1 填隙料应干燥。
2 宜采用振动压路机碾压,碾压后,表面骨料间的空隙应填满,但表面应看得见骨料。填隙碎石层上为薄沥青面层时,宜使骨料的棱角外露 3～5mm。
3 碾压后基层的固体体积率宜不小于 85%,底基层的固体体积率宜不小于 83%。
4 填隙碎石基层未洒透层沥青或未铺封层时,不得开放交通。

**7.3.2** 填隙碎石施工前,应按本细则第 5.3 节中有关规定准备下承层和施工放样。

**7.3.3** 应根据各路段基层或底基层的宽度、厚度及松铺系数,计算各段需要的骨料数量,并应根据运料车辆的车厢体积,计算每车料的堆放距离。填隙料的用量宜为骨料质量的 30%～40%。

**7.3.4** 材料装车时,应控制每车料的数量基本相等。

**7.3.5** 应由远到近将骨料按计算的距离卸置于下承层上,应严格控制卸料距离。

**7.3.6** 用平地机或其他合适的机具将骨料均匀地摊铺在预定的范围内,表面应平整,并有规定的路拱。应同时摊铺路肩用料。

**7.3.7** 应检验松铺材料层的厚度,不满足要求时应减料或补料。

**7.3.8** 填隙碎石的干法施工应符合下列规定:

1 初压宜用两轮压路机碾压 3~4 遍,使骨料稳定就位,初压结束时,表面应平整,并具有规定的路拱和纵坡。

2 填隙料应采用石屑撒布机或类似的设备均匀地撒铺在已压稳的骨料层上,松铺厚度宜为 25~30mm;必要时,可用人工或机械扫匀。

3 应采用振动压路机慢速碾压,将全部填隙料振入骨料间的空隙中。无振动压路机时,可采用重型振动板。路面两侧宜多压 2~3 遍。

4 再次撒布填隙料,松铺厚度宜为 20~25mm,应用人工或机械扫匀。

5 同第 3 款,再次振动碾压;局部多余的填隙料应扫除。

6 碾压后,应对局部填隙料不足之处进行人工找补,并用振动压路机继续碾压,直到全部空隙被填满,应将局部多余的填隙料扫除。

7 填隙碎石表面空隙全部填满后,宜再用重型压路机碾压 1~2 遍。在碾压过程中,不应有任何蠕动现象。在碾压之前,宜在表面洒少量水,洒水量宜不少于 $3kg/m^2$。

8 需分层铺筑时,应将已压成的填隙碎石层表面骨料外露 5~10mm,然后在其上摊铺第二层骨料,并按第 1 款~第 7 款要求施工。

**条文说明**

8 使下层表面骨料外露 5~10mm,再铺筑上一层,可以使上下层良好结合在一起,不会产生分层现象,有利于提高整个填隙碎石的力学性能。

**7.3.9** 填隙碎石湿法施工应按下列要求操作:

1 开始工序应与第 7.3.8 条第 1 款~第 7 款要求相同。

2 骨料层表面空隙全部填满后,宜立即用洒水车洒水,直到饱和。

3 宜用重型压路机跟在洒水车后碾压。应将湿填隙料及时扫入出现的空隙中;必要时,宜再添加新的填隙料。

4 应洒水碾压至填隙料和水形成粉浆,粉浆应填塞全部空隙,并在压路机轮前形成微波纹状。

5 碾压完成的路段应让水分蒸发一段时间,结构层变干后,应将表面多余的细料以及细料覆盖层扫除干净。

6 需分层铺筑时,宜待结构层变干后,将已压成的填隙碎石层表面的填隙料扫除一些,使表面骨料外露 5~10mm,然后在其上摊铺第二层骨料。

# 8 施工质量标准与控制

## 8.1 一般规定

**8.1.1** 基层、底基层施工的质量标准与控制应按本章要求执行。高速公路水泥稳定级配碎石的施工质量控制尚应符合本细则附录B的相关规定。

**8.1.2** 基层、底基层施工质量标准与控制应包括原材料检验、施工参数确定、施工过程中的质量检查验收等方面,并应符合下列规定:
1 按本细则的相关要求备料,严把进料质量关。
2 按施工需求合理布置建设场地,选择适宜的拌和、摊铺和碾压机械。
3 将试验段确定的施工参数作为施工过程中质量控制的标准。
4 健全工地试验室能力,试验、检验数据真实、完整、可靠。
5 各个工序完结后,应检查验收;合格后,方可进行下一个工序。

**8.1.3** 施工过程中发现质量缺陷时,应加大检测频率;必要时应停工整顿,查找原因。

**8.1.4** 施工关键工序宜拍摄照片或录像,作为现场记录保存。

**8.1.5** 施工结束后,应清理现场,处理废弃物,恢复耕地或绿化,做到工完场清。

**8.1.6** 高速公路和一级公路,应在拌和厂内或距离不超过1km的范围内设有功能完备的试验室。

**8.1.7** 在施工过程中,应配备有相关试验资质的试验操作人员。每个工地试验室的试验操作人员宜不少于8人,同时应明确每个质量控制环节上的责任人。

**条文说明**

工程质量的过程化控制,关键在于人。工地试验室的人员配置是保证生产过程中质量控制的必要措施之一。

## 8.2 材料检验

**8.2.1** 在施工前以及在施工过程中,原材料或混合料发生变化时,应检验拟采用材料。

**8.2.2** 用作基层和底基层的土,应按表8.2.2所列试验项目和要求检测评定。

表8.2.2 基层和底基层用土试验项目和要求

| 项次 | 试验项目 | 目的 | 频度 | 试验方法 |
|---|---|---|---|---|
| 1 | 含水率 | 确定原始含水率 | 每天使用前测2个样品 | T 0801/T 0803 |
| 2 | 液限、塑限 | 求塑性指数,审定是否符合规定 | 每种土使用前测2个样品,使用过程中每2 000 m³测2个样品 | T 0118/T 0119 |
| 3 | 颗粒分析 | 确定级配是否符合要求,确定材料配合比 | 每种土使用前测2个样品,使用过程中每2 000 m³测2个样品 | T 0115 |
| 4 | 有机质和硫酸盐含量 | 确定土是否适宜于用石灰或水泥稳定 | 对土有怀疑时做此试验 | T 0151/T 0153 |

**8.2.3** 用作基层和底基层的碎石、砾石等粗集料,应按表8.2.3所列试验项目和要求检测评定。

表8.2.3 基层和底基层用碎石、砾石试验项目和要求

| 项次 | 试验项目 | 目的 | 频度 | 试验方法 |
|---|---|---|---|---|
| 1 | 含水率 | 确定原始含水率 | 每天使用前测2个样品 | T 0801/T 0803 |
| 2 | 级配 | 确定级配是否符合要求,确定材料配合比 | 每档碎石使用前测2个样品,使用过程中每2 000 m³测2个样品 | T 0303 |
| 3 | 液限、塑限[a] | 求塑性指数,审定是否符合规定 | 每种材料使用前测2个样品,使用过程中每2 000 m³测2个样品 | T 0118/T 0119 |
| 4 | 毛体积相对密度、吸水率 | 评定粒料质量,计算固体体积率 | 使用前测2个样品,砾石使用过程中每2 000 m³测2个样品,碎石种类变化重做2个样品 | T 0304/T 0308 |
| 5 | 压碎值 | 评定石料的抗压碎能力是否符合要求 | | T 0316 |
| 6 | 粉尘含量 | 评定石料质量 | | T 0310 |
| 7 | 针片状颗粒含量 | 评定石料质量 | | T 0312 |
| 8 | 软石含量 | 评定石料质量 | | T 0320 |

注:[a] 级配砾石或级配碎石中0.6 mm以下的细土进行此项试验。

**8.2.4** 用作基层和底基层的细集料,应按表8.2.4所列试验项目和要求检测评定。

表8.2.4 基层和底基层用细集料试验项目和要求

| 项次 | 试验项目 | 目的 | 频度 | 试验方法 |
|---|---|---|---|---|
| 1 | 含水率 | 确定原始含水率 | 每天使用前测2个样品 | T 0801/T 0803 |
| 2 | 级配 | 确定级配是否符合要求,确定材料配合比 | 每档材料使用前测2个样品,使用过程中每2 000m³测2个样品 | T 0327 |
| 3 | 液限、塑限 | 求塑性指数,审定是否符合规定 | 每种细集料使用前测2个样品,使用过程中每2 000m³测2个样品 | T 0118/T 0119 |
| 4 | 毛体积相对密度、吸水率 | 评定粒料质量,计算固体体积率 | 使用前测2个样品,使用过程中每2 000m³测2个样品 | T 0328/T 0352 |
| 5 | 有机质和硫酸盐含量 | 确定是否适宜于用石灰或水泥稳定 | 有怀疑时做此试验 | T 0151/ T 0341 |

**8.2.5** 用作基层和底基层的水泥,应按表8.2.5所列试验项目和要求检测评定。

表8.2.5 基层和底基层用水泥试验项目和要求

| 项次 | 试验项目 | 目的 | 频度 | 试验方法 |
|---|---|---|---|---|
| 1 | 水泥强度等级和初、终凝时间 | 确定水泥的质量是否适宜应用 | 做材料组成设计时测1个样品,料源或强度等级变化时重测 | T 0505/T 0506 |

**8.2.6** 用作基层和底基层的粉煤灰,应按表8.2.6所列试验项目和要求检测评定。

表8.2.6 基层和底基层用粉煤灰试验项目和要求

| 项次 | 试验项目 | 目的 | 频度 | 试验方法 |
|---|---|---|---|---|
| 1 | 含水率 | 确定原始含水率 | 每天使用前测2个样品 | T 0801/T 0803 |
| 2 | 烧失量 | 确定粉煤灰是否适用 | 做材料组成设计前测2个样品 | T 0817 |
| 3 | 细度 | 确定粉煤灰质量 | 做材料组成设计前测2个样品 | T 0818 |
| 4 | 二氧化硅等氧化物含量 | 确定粉煤灰质量 | 每天使用前测2个样品 | T 0816 |

**8.2.7** 用作基层和底基层的石灰,应按表8.2.7所列试验项目和要求检测评定。

表8.2.7 基层和底基层用石灰试验项目和要求

| 项次 | 试验项目 | 目的 | 频度 | 试验方法 |
|---|---|---|---|---|
| 1 | 含水率 | 确定原始含水率 | 每天使用前测2个样品 | T 0801/T 0803 |
| 2 | 有效钙、镁含量 | 确定石灰质量 | 做材料组成设计和生产使用时分别测2个样品,以后每月测2个样品 | T 0811/T 0812/T 0813 |
| 3 | 残渣含量 | 确定石灰质量 | 做材料组成设计和生产使用时分别测2个样品,以后每月测2个样品 | T 0815 |

**8.2.8** 高速公路的基层施工时,各档粗集料的超粒径含量应不大于15%,其中主粒径通过率的变异系数应不大于10%。应根据至少连续7d在料堆不同位置取料的筛分结果确定其变异系数,样本量宜不少于10个。

**条文说明**

在实际工程中,生产25型混合料时,如粗集料备料规格为4.75~9.5mm(俗称5~10mm)、9.5~19mm(俗称10~20mm)和19~26.5mm(俗称20~25mm)。所谓超粒径含量不大于15%,是指对4.75~9.5mm档料,大于9.5mm和小于4.75mm的料的总含量不大于15%;对9.5~19mm档料,大于19mm和小于9.5mm的料的总含量不大于15%;对19~26.5mm档料,大于26.5mm和小于19mm的料的总含量不大于15%。

主粒径通过率的变异系数不大于10%的含义指:对4.75~9.5mm档料,4.75mm和9.5mm的通过率的变异系数不大于10%;对9.5~19mm档料,9.5mm、13.2mm和19mm的通过率的变异系数不大于10%;对19~26.5mm档料,19mm和26.5mm的通过率的变异系数不大于10%。

**8.2.9** 初步确定使用的基层和底基层混合料,包括非整体性材料,应按表8.2.9所列试验项目和要求检测评定。

表8.2.9 基层和底基层混合料试验项目和要求

| 项次 | 试验项目 | 目　　的 | 频　　度 | 试验方法 |
| --- | --- | --- | --- | --- |
| 1 | 重型击实试验 | 最佳含水率和最大干密度 | 材料发生变化时 | T 0804 |
| 2 | 承载比(CBR) | 确定非整体性材料是否适宜做基层或底基层 | 材料发生变化时 | T 0134 |
| 3 | 抗压强度 | 整体性材料配合比试验及施工期间质量评定 | 每次配合比试验 | T 0805 |
| 4 | 延迟时间 | 确定延迟时间对混合料密度和抗压强度的影响,确定施工允许的延迟时间 | 水泥品种变化时 | T 0805 |
| 5 | 绘制EDTA标准曲线 | 对施工过程中水泥、石灰剂量有效控制 | 水泥、石灰品种变化时 | T 0809 |

## 8.3 铺筑试验段

**8.3.1** 基层和底基层正式施工前,均应铺筑试验段。

**8.3.2** 试验段应设置在生产路段上,长度宜为200~300m。

**8.3.3** 试验段开工前,应符合下列规定:
1 提交完整的目标配合比报告和生产配合比报告。

2 正常施工时所配备的施工机械完全进场,且调试完毕。
3 全部施工人员到位。

**8.3.4** 在试验段施工期间,应及时检测下列技术项目:
1 施工所用原材料的全部技术指标。
2 混合料拌和时的结合料剂量,应不少于4个样本。
3 混合料拌和时的含水率,应不少于4个样本。
4 混合料拌和时的级配,应不少于4个样本。
5 不同松铺系数条件下的实际压实厚度,宜设定2~3个松铺系数。
6 不同碾压工艺下的混合料压实度,宜设定2~3种压实工艺,每种压实工艺的压实度检测样本应不少于4个。
7 混合料压实后的含水率,应不少于6个样本。
8 混合料击实试验,测定干密度和含水率,应不少于3个样本。
9 7d龄期无侧限抗压强度试件成型,样本量应符合要求。

**8.3.5** 养生7d后,无机结合料稳定材料的试验段应及时检测下列技术项目:
1 标准养生试件的7d无侧限抗压强度。
2 水泥稳定材料钻芯取样,评价芯样外观,取芯样本量应不少于9个。
3 对完整芯样切割成标准试件,测定强度。
4 按车道,每10m一点测定弯沉指标,并按本细则附录C计算回弹弯沉值。
5 按车道,每50m一点测定承载比。

**8.3.6** 对非整体性材料结构层,试验段铺筑完成后应及时进行承载板试验,按车道,每50m一点。

**8.3.7** 试验段铺筑阶段应对下列关键工序、工艺进行评价:
1 拌和设备各档材料的进料比例、速度及精度。
2 结合料的进料比例和精度。
3 含水率的控制精度。
4 松铺系数合理值。
5 拌和、运输、摊铺和碾压机械的协调和配合。
6 压实机械的选择和组合,压实的顺序、速度和遍数。
7 对人工拌和工艺,应确定合适的拌和设备、方法、深度和遍数。
8 对人工摊铺碾压工艺,应确定适宜的整平和整形机具和方法。

**8.3.8** 试验段施工后,应及时总结,总结报告应包括下列内容:
1 试验段检测报告。

2 试验段总体效果评价。
3 施工关键参数的推荐值,包括配合比、含水率、松铺系数、碾压工艺等。
4 确定每一作业段的合适长度。

**8.3.9** 试验段不满足技术要求时,应重新铺设试验段。试验段各项指标合格后,方可正式施工。

## 8.4 施工过程检测

**8.4.1** 施工过程中的质量控制应包括外形尺寸检查及内在质量检验两部分。

**8.4.2** 外形尺寸检查项目、频度和质量标准应符合表8.4.2的规定。

表8.4.2 外形尺寸检查项目、频度和质量标准

| 工程类别 | 项 目 | | 频 度 | 质量标准 | |
|---|---|---|---|---|---|
| | | | | 高速公路和一级公路 | 二级及二级以下公路 |
| 基层 | 纵断高程(mm) | | 二级及二级以下公路每20m 1点;高速公路和一级公路每20m 1个断面,每个断面3~5点 | +5 ~ -10 | +5 ~ -15 |
| | 厚度(mm) | 均值 | 每1 500~2 000m² 6点 | ≥ -8 | ≥ -10 |
| | | 单个值 | | ≥ -10 | ≥ -20 |
| | 宽度(mm) | | 每40m 1处 | >0 | >0 |
| | 横坡度(%) | | 每100m 3处 | ±0.3 | ±0.5 |
| | 平整度(mm) | | 每200m 2处,每处连续10尺(3m直尺) | ≤8 | ≤12 |
| | | | 连续式平整度仪的标准差(mm) | ≤3.0 | — |
| 底基层 | 纵断高程(mm) | | 二级及二级以下公路每20m 1点;高速公路和一级公路每20m 1个断面,每个断面3~5点 | +5 ~ -15 | +5 ~ -20 |
| | 厚度(mm) | 均值 | 每1 500~2 000m² 6点 | ≥ -10 | ≥ -12 |
| | | 单个值 | | ≥ -25 | ≥ -30 |
| | 宽度(mm) | | 每40m 1处 | >0 | >0 |
| | 横坡度(%) | | 每100m 3处 | ±0.3 | ±0.5 |
| | 平整度(mm) | | 每200m 2处,每处连续10尺(3m直尺) | ≤12 | ≤15 |

**8.4.3** 施工过程中的内在质量控制应分为原材料质量控制、拌和质量控制、摊铺及碾压质量控制等四部分。对集中厂拌、摊铺机摊铺的施工工艺,应按后场与前场划分。

**8.4.4** 后场质量控制的项目、内容应符合表8.4.4的规定,实际检测频率应不低于表中的要求,检测结果应满足本细则或具体工程的技术要求。

表 8.4.4 施工过程中后场质量控制的关键内容

| 项次 | 项目 | 内容 | 频度 |
|---|---|---|---|
| 1 | 原材料抽检 | 结合料质量 | 每批次 |
| | | 粗、细集料品质 | 异常时，随时试验 |
| | | 级配、规格 | 异常时，随时试验 |
| 2 | 混合料抽检 | 混合料级配 | 每2 000m² 1次 |
| | | 结合料剂量 | 每2 000m² 1次 |
| | | 混合料最大干密度 | 每个工日 |
| | | 含水率 | 每2 000m² 1次 |

**8.4.5** 前场质量控制的项目及内容应符合表 8.4.5 的规定，实际检测频率应不低于表中的要求，检测结果应满足本细则或具体工程的技术要求。

表 8.4.5 施工过程中前场质量控制的关键内容

| 项次 | 项目 | 内容 | 频度 |
|---|---|---|---|
| 1 | 摊铺目测 | 是否离析 | 随时 |
| | | 粗估含水率状态 | 随时 |
| 2 | 碾压目测 | 压实机械是否满足 | 随时 |
| | | 碾压组合、次数是否合理 | 随时 |
| 3 | 压实度检测 | 含水率 | 每一作业段检查6次以上 |
| | | 压实度 | 每一作业段检查6次以上 |
| 4 | 强度检测 | 在前场取样成型试件 | 每一作业段不少于9个 |
| 5 | 钻芯检测 | — | 每一作业段不少于9个 |
| 6 | 弯沉检测 | — | 每一评定段(不超过1km)每车道40~50个测点 |
| 7 | 承载比 | | 每2 000m² 1次，异常时，随时增加试验 |

**8.4.6** 应在现场碾压结束后及时检测压实度。压实度检测中，测定的含水率与规定含水率的绝对误差应不大于2%；不满足要求时，应分析原因并采取必要的措施。

**8.4.7** 施工过程的压实度检测，应以每天现场取样的击实结果确定的最大干密度为标准。每天取样的击实试验应符合下列规定：

1 击实试验应不少于3次平行试验，且相互之间的最大干密度差值应不大于 0.02g/cm³；否则，应重新试验，并取平均值作为当天压实度的检测标准。

2 该数值与设计阶段确定的最大干密度差值大于 0.02g/cm³ 时，应分析原因，及时处理。

**8.4.8** 压实度检测应采用整层灌砂试验方法,灌砂深度应与现场摊铺厚度一致。

**8.4.9** 无机结合料稳定材料应钻取芯样检验其整体性,并应符合下列规定:
    1 无机结合料稳定细粒材料的芯样直径宜为100mm,无机结合料稳定中、粗粒材料的芯样直径应为150mm。
    2 采用随机取样方式,不得在现场人为挑选位置;否则,评价结果无效。
    3 芯样顶面、四周应均匀、致密。
    4 芯样的高度应不小于实际摊铺厚度的90%。
    5 取不出完整芯样时,应找出实际路段相应的范围,返工处理。

**8.4.10** 无机结合料稳定材料应在下列规定的龄期内取芯:
    1 用于基层的水泥稳定中、粗粒材料,龄期7d。
    2 用于基层的水泥粉煤灰稳定的中、粗粒材料,龄期10~14d。
    3 用于底基层的水泥稳定材料、水泥粉煤灰稳定材料,龄期10~14d。
    4 用于基层的石灰粉煤灰稳定材料,龄期14~20d。
    5 用于底基层的石灰粉煤灰稳定材料,龄期20~28d。

**8.4.11** 设计强度大于3MPa的水泥稳定材料的完整芯样应切割成标准试件,检测强度,并应符合下列规定:
    1 标准试件的径高比应为1:1。
    2 记录实际养生龄期。
    3 根据实际施工情况确定试件强度的评价标准。
    4 同一批次强度试验的变异系数应不大于15%。
    5 样本量宜不少于9个。

条文说明

    将钻芯试件切割成标准试件,进而测量其强度是一种后验性的无机结合料稳定材料质量检评方法,是对以往仅仅通过生产时成型标准试件进行强度评定的一种有效补充。由于钻芯、切割的影响和养生条件的差异,因此需根据实际情况确定试件强度的评定标准。

**8.4.12** 对高速公路和一级公路的基层、底基层,应在养生7~10d内检测弯沉;不满足要求时,应返工处理。

条文说明

    需要指出,弯沉作为路面结构承载能力的评价手段和指标,具有操作简单、检测客观、结果直观的特点,目前还没有其他有效手段能替代。

**8.4.13** 对高速公路和一级公路,7~10d 龄期的水泥稳定碎石基层的代表弯沉值宜为:对极重、特重交通荷载等级,应不大于0.15mm;对重交通荷载等级,应不大于0.20mm;对中等交通荷载等级,应不大于0.25mm。

**条文说明**

这些弯沉指标是根据实际工程经验总结得到的。

**8.4.14** 施工过程的混合料质量检测,应在施工现场的摊铺机位置取样,且应分别来自不同的料车。

## 8.5 质量检查

**8.5.1** 检查内容应包括工程完工后的外形和质量两方面,外形检查的要求应符合表8.4.2的规定。

**8.5.2** 宜以1km长的路段为单位评定路面结构层质量;采用大流水作业法施工时,以每天完成的段落为评定单位。

**8.5.3** 应检查施工原始记录,对检查内容初步评定。

**8.5.4** 应随机抽样检查,不得带有任何主观性。压实度、厚度、水泥或石灰剂量检测样品和取芯等的现场随机取样位置的确定应按相关标准的要求执行。

**8.5.5** 厚度检查时,厚度平均值的下置信限$\overline{X}_L$应不小于设计厚度减去均值允许误差。厚度平均值的下置信限应按式(8.5.5)计算。

$$\overline{X}_L = \overline{X} - t_\alpha \frac{S}{\sqrt{n}} \qquad (8.5.5)$$

式中:$\overline{X}$——厚度平均值;

　　$S$——厚度标准差;

　　$n$——样本数量;

　　$t_\alpha$——$t$分布表中随自由度和保证率(或置信度$\alpha$)而变的系数,对高速公路和一级公路应取保证率99%,对二级及二级以下公路可取保证率95%。

**8.5.6** 各项技术指标质量应符合表8.5.6的规定。

表 8.5.6 质量合格标准值

| 工程类别 | 检查项目 | 检查数量[a] | 标准值 | 极限低值 |
|---|---|---|---|---|
| 无结合料底基层 | 压实度 | 6~10 处 | 96% | 92% |
| | 弯沉值 | 每车道 40~50 个测点 | 按附录 C 所得的弯沉标准值 | — |
| 级配碎石(或砾石) | 压实度 | 6~10 处 | 符合 5.1.10 规定 | 标准值 -4% |
| | 颗粒组成 | 2~3 | 规定级配范围 | |
| | 弯沉值 | 每车道 40~50 个测点 | 按附录 C 所得的弯沉标准值 | — |
| 填隙碎石 | 压实度(固体体积率) | 6~10 处 | 基层:85% | 82% |
| | | | 底基层:高速和一级公路 85%，其他公路 83% | 82%(80%) |
| | 弯沉值 | 每车道 40~50 个测点 | 按附录 C 所得的弯沉标准值 | — |
| 水泥、石灰、石灰粉煤灰、水泥粉煤灰等稳定细粒材料 | 压实度 | 6~10 处 | 基层:符合表 5.1.8 要求 | 标准值 -4% |
| | | | 底基层:符合表 5.1.9 要求 | |
| | 水泥或石灰剂量(%) | 3~6 处 | 设计值 | 水泥:设计值 -1.0%<br>石灰:设计值 -2.0% |
| 水泥、石灰、石灰粉煤灰、水泥粉煤灰等稳定中、粗粒材料 | 压实度 | 6~10 处 | 基层:符合表 5.1.8 要求 | 标准值 -4% |
| | | | 底基层:符合表 5.1.9 要求 | |
| | 颗粒组成 | 2~3 | 规定级配范围 | |
| | 水泥或石灰剂量(%) | 3~6 处 | 设计值 | 设计值 -1.0% |

注:[a] 以每天完成段落为评定单位时,检查数量可取低值;以 1km 为评定单位时,检查数量应取高值。

**8.5.7** 弯沉检查时,应考虑一定保证率的测量值上波动界限,并按式(8.5.7)计算。

$$l_r = \bar{l} + Z_\alpha S \qquad (8.5.7)$$

式中:$l_r$——测量值的上波动界限,即代表弯沉值;

$\bar{l}$——标准车测得的弯沉平均值;

$Z_\alpha$——与要求保证率有关的系数,高速公路和一级公路可取 $Z_\alpha = 2.0$,二级公路取 $Z_\alpha = 1.645$,二级以下公路取 $Z_\alpha = 1.5$。

**8.5.8** 计算弯沉的平均值和标准差时,可将超出 $\bar{l} \pm 3S$ 的弯沉异常值舍弃。舍弃后,计算的代表弯沉值应不大于相关技术要求。对舍弃的弯沉值过大点,应找出其周围界限,并局部处理。

**8.5.9** 本细则中有关质量控制指标的统计含义,可见本细则附录 D 的相关说明。

# 附录 A  无机结合料稳定材料级配设计

**A.0.1**  无机结合料稳定中、粗粒材料,级配碎石或砾石材料的级配宜采用粗集料断级配的方式构成。

**A.0.2**  粗集料断级配宜以级配的公称最大粒径及其通过率、4.75mm 及其通过率和 0.075mm 及其通过率为 3 个控制点。

**A.0.3**  粗集料断级配应由从公称最大粒径到 4.75mm 的粗集料级配曲线和 4.75～0.075mm 的细集料级配曲线构成。

**A.0.4**  宜采用下列数学模型分别构造粗、细集料级配曲线。
1  幂函数模型为:
$$y = ax^b \tag{A.0.4-1}$$
2  指数函数模型为:
$$y = a \cdot e^{bx} \tag{A.0.4-2}$$
3  对数函数模型为:
$$y = a\ln x + b \tag{A.0.4-3}$$

式中:$y$——通过率(%);
　　$x$——集料粒径(mm);
　$a$、$b$——回归系数。

**条文说明**

对某一级配,使用这些不同类型的模型,将导致在相同碎石含量的条件下,粗集料各档颗粒之间比例关系的变化,从而影响混合料级配的性能。一般来说,使用指数函数时,级配偏粗;使用对数函数时,级配偏细;幂函数,居中。在实际工程中,即使是相同粒径的材料(如 19～26.5mm),由于岩性不同、破碎方式不同、筛孔尺寸不同,其几何形状并不相同,从而影响各档颗粒间的搭配。这种影响对混合料性能的影响有多大,目前还在研究之中。因此,本细则中,提出几种不同的粗集料级配的构建模型,供实际工程中选用。

**A.0.5**  应按设定的混合料级配的公称最大粒径及其通过率和 4.75mm 及其通过率,

计算粗集料级配曲线的 $a$、$b$ 系数,构造粗集料级配曲线。

**A.0.6** 应按设定的混合料级配的 4.75mm 及其通过率和 0.075mm 及其通过率,计算细集料级配曲线的 $a$、$b$ 系数,构造细集料级配曲线。

**A.0.7** 应按两条级配曲线分别计算各筛孔通过率,完成级配的设计。

# 附录 B 水泥稳定级配碎石等质量控制关键环节

## B.1 一般规定

**B.1.1** 高速公路水泥稳定级配碎石或砾石和碾压贫混凝土质量控制关键环节宜按本附录执行。

**条文说明**

　　本附录是对本细则正文相关内容的补充,适用于高速公路的质量控制。

**B.1.2** 对水泥稳定级配碎石或砾石和碾压贫混凝土等施工过程中的外形尺寸质量控制,应符合本细则相关条文的规定。

**B.1.3** 质量控制每个环节均应包括工作内容、责任人、检测频率、记录表格等内容。

**B.1.4** 应根据相应试验检测工作配备足够的技术人员。

**B.1.5** 试验记录表格应规范、实用,可按本附录中的表格编号编排。

**B.1.6** 宜开展深度试验,评定混合料的长龄期性能,满足设计要求。

## B.2 施工前

**B.2.1** 应按图 B.2.1 所规定的相关内容及要求对原材料、混合料、拌和设备进行检测、试验,确定施工技术参数。

**B.2.2** 可根据当地材料特点增加检测项目。

## B.3 施工期间

**B.3.1** 施工期间应按图 B.3.1 所规定的相关内容进行质量控制和检验。

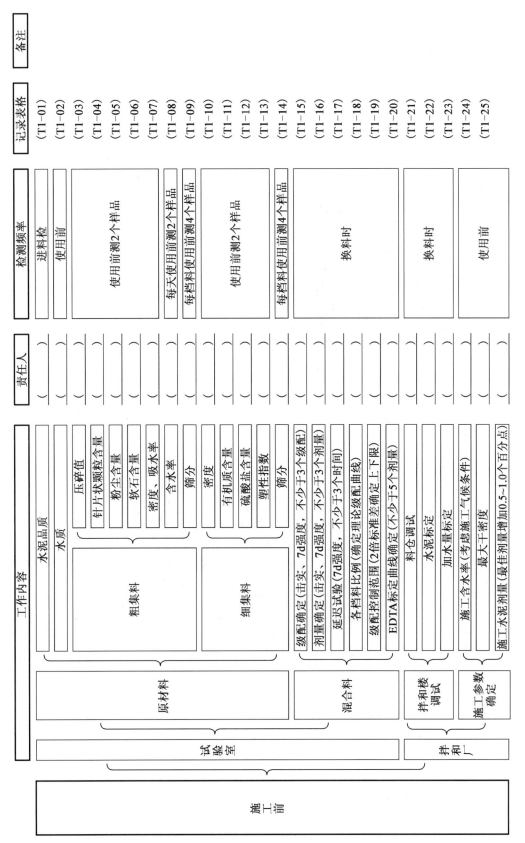

图B.2.1 施工前关键的质量控制环节及相关要求

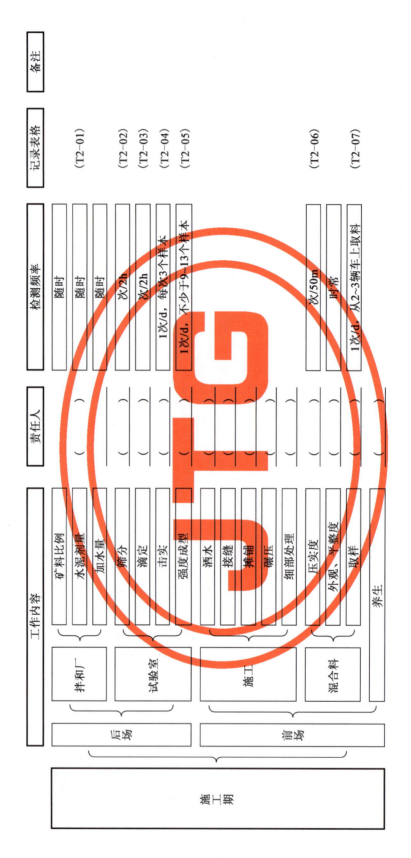

图B.3.1 施工期间质量控制环节及相关要求

**B.3.2** 拌和设备应控制各个料仓进料的稳定,按设计确定的比例进料,不得随意调整,并应随时检查。出现问题时,应停止生产。

**B.3.3** 前场施工过程中除应按本细则的要求操作外,尚应注重摊铺碾压中的接缝等细部处理,出现局部离析时,应及时处理。

**B.3.4** 在终压阶段,对存有轮迹和不平整的路段,应及时补压。

**B.3.5** 压实度指标检测合格且外观满足要求后,应及时养生。采用覆盖养生方式时,在覆盖前宜洒水。

**B.3.6** 施工期间应合理安排施工人员作息时间和施工机械的加油、加水,保证施工的连续。

## B.4 7d 养生结束后

**B.4.1** 养生 7d 结束后应按图 B.4.1 所规定内容,开展室内、外试验检测。

**B.4.2** 对产生的裂缝可作描述性记录,不作评定,裂缝较密时,应说明原因。

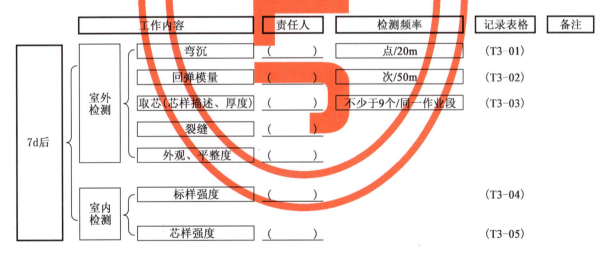

图 B.4.1 养生 7d 结束后的质量控制环节及相关要求

## B.5 深度试验

**B.5.1** 宜按图 B.5.1 所规定内容进行深度试验。

**B.5.2** 试验龄期可根据技术要求补充 180d 或 360d 的试验龄期。

**B.5.3** 试验中应有足够的样本量,保证试验结果的可靠性。

| 工作内容 | 责任人 | 样本数量 | 记录表格 | 备注 |
|---|---|---|---|---|
| 深度试验 { 90d抗压强度 | ( ) | 不少于9~13个 | (T4-01) | |
| 90d动态抗压模量 | ( ) | 不少于9~13个 | (T4-02) | |
| 90d静态抗压模量 | ( ) | 不少于9~13个 | (T4-03) | |
| 90d侧面抗压模量 | ( ) | 不少于9~13个 | (T4-04) | |
| 90d弯拉强度 | ( ) | 不少于9~13个 | (T4-05) | |
| 90d弯拉模量 | ( ) | 不少于9~13个 | (T4-06) | |
| 疲劳特性 应力模式 | ( ) | 每个应力不少于6~9个 | (T4-07) | |
| 疲劳特性 应变模式 | ( ) | 每个应变不少于6~9个 | (T4-08) | |
| 干缩试验 | ( ) | 不少于9~13个 | (T4-09) | |
| 温缩试验 | ( ) | 不少于9~13个 | (T4-10) | |
| 冻融试验 | ( ) | 不少于9~13个 | (T4-11) | |

图 B.5.1 深度试验的内容及相关要求

# 附录 C  回弹弯沉值的计算

**C.0.1**  路基顶面的回弹弯沉计算值应按式(C.0.1)计算：
$$l_0 = 9\,308 E_0^{-0.938} \quad (C.0.1)$$
式中：$E_0$——路基回弹模量(MPa)；
  $l_0$——路基顶面的回弹弯沉计算值(0.01mm)。

**C.0.2**  底基层顶面回弹弯沉应按下列步骤计算：
1  利用路基和底基层材料的回弹模量计算值 $E_0$ 和 $E_1$ 以及底基层的厚度 $h_1$(cm)，计算底基层表面弯沉系数 $\alpha_L$。
2  弯沉综合修正系数 $F$ 按式(C.0.2-1)计算：
$$F = 3.643\alpha_L^{1.8519} \quad (C.0.2\text{-}1)$$
3  底基层顶面的回弹弯沉计算值 $l_1$，即标准值按式(C.0.2-2)计算：
$$l_1 = \frac{2p\delta}{E_0 K_1}\alpha_L F \quad (C.0.2\text{-}2)$$
式中：$p$——后轴重100kN货车轮胎的单位压力,对黄河货车,可取0.7MPa；
  $\delta$——荷载圆半径；
  $K_1$——季节影响系数,不同地区取值范围为1.2~1.4。

**C.0.3**  基层顶面弯沉值应按下列步骤计算：
1  利用路基、底基层和基层材料的回弹模量计算值 $E_0$、$E_1$、$E_1$ 以及底基层和基层厚度 $h_1$ 和 $h_2$(cm)，按弹性层状体系模型,计算基层顶面的弯沉系数 $\alpha'_L$。
2  基层顶面应有的回弹弯沉计算值 $l_2$，即标准值按式(C.0.3)计算：
$$l_2 = \frac{2p\delta}{K_1 E_0}\alpha'_L F \quad (C.0.3)$$

# 附录 D 质量检验的统计分析计算

**D.0.1** 在工程质量管理和质量检验中,应针对不同的情况拟定相应的质量评定方法,并将不同的评定方法公式化。

**条文说明**

在工程质量管理和质量检验中,经常遇到的一个很重要的问题是如何利用若干次试验的结果来评定某一质量指标是否符合要求。技术规范对不同的质量指标所作的规定是不相同的。例如,对路面材料强度,如水泥混凝土的抗折强度和抗压强度或各种水硬性结合料稳定材料的抗压强度等,常规定一个作为低限的设计标准值,而把小于设计值的强度看作是不符合要求的;对路面,通常规定有容许弯沉值,而把此容许弯沉值看作是路面弯沉值的高限;对某个指标可能规定一个容许误差,例如 ±0.3% 或 −5 ~ +15。在某些情况下,规范仅规定质量检验指标的均值或甲方仅对某质量指标的均值提出要求;在另一些情况下,也可能对某一指标在总体中的不合格率(或称缺陷比例)作出规定。在实际工作中,对某些质量指标(例如弯沉值)的测点个数可能较多,而对另一些质量指标的检验个数可能较少,因此,需要针对不同的情况,拟定相应的质量评定方法,并将不同的评定方法公式化。

**D.0.2** 质量检验过程中宜按正态分布规律抽样检验。

**条文说明**

抽样检验时需要知道某个指标的观测值的分布形式,而分布形式需要由较多的试验数据来判断和检验。从实用观点看,路面和材料性质的观测值可认为是符合正态分布(或对数正态分布)的,因此本细则中规定的不同评定方法都以正态分布为基础。

**D.0.3** 观测值或试验结果的均值 $\bar{X}$ 和标准差 $S$ 应按式(D.0.3-1)和式(D.0.3-2)计算,以此估计总体的均值 $\mu$ 和标准差 $\sigma$。

$$\bar{X} = \frac{X_1 + X_2 + X_3 \cdots + X_n}{n} \tag{D.0.3-1}$$

$$S = \sqrt{\frac{\sum_{i=1}^{n}(\bar{X} - X_i)^2}{n-1}} \tag{D.0.3-2}$$

**D.0.4** 应根据样本均值 $\bar{X}$ 和样本标准差 $S$,计算出不同的概率下观测值的波动范围,分为双边和单边两类。

**D.0.5** 观测值的双边波动范围应按式(D.0.5)计算。

$$\bar{X} - Z_{\alpha/2}S \leq X \leq \bar{X} + Z_{\alpha/2}S \qquad (D.0.5)$$

式中:$Z_{\alpha/2}$——与规定概率有关的正态分布表中的分位值,概率为90%(即 $\alpha = 10\%$ 或 0.10)时,$Z_{0.05} = 1.645$;概率为95%($\alpha = 5\%$ 或 0.05)时,$Z_{0.025} = 1.96$。

条文说明

观测值或相同条件下的试验结果将以给定的概率落在式(D.0.5)所限定的范围内。式(D.0.5)左侧决定范围的下限,又称双边波动下限;右侧决定范围的上限,又称双边波动上限。观测试验值落在上限和下限外面的概率相等,各为 $\alpha/2$。

**D.0.6** 观测值的单边波动范围应分别按式(D.0.6-1)和式(D.0.6-2)计算出单边下波动限和单边上波动限。

单边波动下限范围

$$X > \bar{X} - Z_{\alpha}S \qquad (D.0.6\text{-}1)$$

单边波动上限范围

$$X < \bar{X} + Z_{\alpha}S \qquad (D.0.6\text{-}2)$$

式中:$Z_{\alpha}$——与规定概率 $\alpha$ 有关的系数,概率为90%(即 $\alpha = 0.10$)时,$Z_{0.10} = 1.282$;概率为95%(即 $\alpha = 0.05$)时,$Z_{0.05} = 1.645$。

条文说明

单边波动范围有两种情况,一是限定下限直到正无穷大的范围;另一是限定上限直到负无穷大的范围。这两种情况的界限分别称单边下波动限和单边上波动限。

观测值或相同条件下的试验结果落在下波动限或上波动限之外的比例为 $\alpha$,称为缺陷比例,亦即不合格品比例。

**D.0.7** 某个质量指标规定了低限 $L$、缺陷比例 $\alpha$ 时,抽样检验或试件试验结果应满足评定标准(1)的要求。

$$\bar{X} - Z_{\alpha}S \geq L \qquad \text{标准}(1)$$

式中:$Z_{\alpha}$——正态分布表中与规定概率或缺陷比例有关的分位值,也就是观测试验结果的下波动限应该大于规定的低限。

条文说明

一些规范和验收评定标准常根据规定的强度采用标准(1)来设计水硬性结合料稳定

材料和水泥混凝土等材料的组成。例如，本细则中规定用作高速公路路面基层的水泥粒料的标准强度为 $R_7 = 3\mathrm{MPa}$，同时要求 $n$ 个混合料试件的平均抗压强度 $\overline{R_n} \geq R_d/(1-Z_\alpha C_v)$，并采用 $Z_\alpha = 1.645$。也就是要求这种混合料的抗压强度有95%概率大于或等于3MPa，强度小于3MPa 的概率只有5%，或这种混合料的缺陷(不合格品)比例只有5%。

**D.0.8** 某个质量指标规定了高限 $U$ 时，试验结果应满足评定标准(2)的要求。

$$\overline{X} + Z_\alpha S \leq U \qquad 标准(2)$$

**条文说明**

标准(2)的含义是观测试验结果的上波动限应该小于规定的高限。路基路面的弯沉值检验或测定，通常用上波动限来确定代表弯沉值 $l_r$，并使代表弯沉值小于设计弯沉值 $l_d$(未计季节系数等)，即

$$l_r = \overline{l} + Z_\alpha S \leq l_d$$

对高速公路的路面，国内外常采用 $Z_\alpha = 2$。此时，将有97.7%路面的弯沉值小于 $l_d$，也就是路面的缺陷(或不合格)比例只有2.3%。

**D.0.9** 某个质量指标规定了高限 $U$ 和低限 $L$，且规定超出 $U$ 的缺陷比例与低于 $L$ 的缺陷比例相等时，观测试验结果应满足标准(3)的双边要求。

$$\left. \begin{array}{l} \overline{X} + Z_{\alpha/2} S \leq U \\ \overline{X} - Z_{\alpha/2} S \geq L \end{array} \right\} \qquad 标准(3)$$

式中：$Z_{\alpha/2}$——正态分布表中与规定概率或缺陷比例有关的分位值。

**D.0.10** 某个质量指标规定超出 $U$ 的比例为 $\alpha_1$，低于 $L$ 的比例为 $\alpha_2$ 时，检验结果应满足标准(4)的要求。

$$\left. \begin{array}{l} \overline{X} + Z_{\alpha_1} S \leq U \\ \overline{X} - Z_{\alpha_2} S \geq L \end{array} \right\} \qquad 标准(4)$$

**D.0.11** 使用标准(1)~标准(4)时，试件或测点数 $n$ 宜大于30。

**条文说明**

上述从标准(1)到标准(4)的评定方法的精度与总体参数的估计有关。因此，为了有效地使用上述诸标准，需要试件或测点数 $n$ 足够大，以减少总体缺陷估计值的误差。通常要求 $n > 30$。如总体分布偏向于均值的右侧或左侧，则总体缺陷估计中的误差可能导致接收质量较次的产品或拒绝接收质量较好的产品(与由 $Z_\alpha$ 和 $L$ 或 $U$ 确定的要求质量相比)。因此，在采用这种评定标准时，保证指标观测值分布的正态性变得更为重要。

**D.0.12** $n$ 相对小时,宜采用 $t$ 分布表中的 $t_\alpha$ 或 $t_{\alpha/2}$ 代替上述 4 个标准中相应的 $Z_\alpha$ 或 $Z_{\alpha/2}$,即应符合下列标准:

$$\overline{X} + t_\alpha S \geq L \qquad \text{标准}(1')$$

$$\overline{X} - t_\alpha S \leq U \qquad \text{标准}(2')$$

$$\left.\begin{array}{l}\overline{X} + t_{\alpha/2} S \leq U \\ \overline{X} - t_{\alpha/2} S \geq L\end{array}\right\} \qquad \text{标准}(3')$$

$$\left.\begin{array}{l}\overline{X} + t_{\alpha_1} S \leq U \\ \overline{X} - t_{\alpha_2} S \geq L\end{array}\right\} \qquad \text{标准}(4')$$

**D.0.13** 样本参数满足本细则第 D.0.12 条的要求时,可接收,否则不得接收。

**条文说明**

在上述两类接收标准中,分位值 $Z_\alpha$ 仅与缺陷比例 $\alpha$ 有关,$t_\alpha$ 则与 $\alpha$ 和 $n$ 有关。在有的文章中,称这两个值为接收常数或标准差的乘数。

标准($1'$)~标准($4'$)中的 $t_\alpha$ 值随 $n$ 的增大而减小,并逐渐与 $Z_\alpha$ 值接近。当 $n > 30$ 后,$t_\alpha$ 值与 $Z_\alpha$ 值之差就不很明显了。也就是观测试验个数愈多,接收常数愈小,即同一概率情况下,$n$ 愈大 $t_\alpha$ 值愈小,直到与 $Z_\alpha$ 值相等。

**D.0.14** 对有限样本的总体估计可采用平均值的双边置信区间和单边置信区间。

**条文说明**

实际抽样检验或制备试件进行某种试验的个数 $n$ 总是有限的,因此,一次抽样检验所得的均值不会等于真值,在同一总体中重新抽取 $k$ 次样本所得的 $k$ 个均值,相互间都会有一定的差异。试验和理论都已证明,样本均值的频度分布曲线为对称的钟形曲线,也按正态分布或 $t$ 分布。一次抽样检验的样本均值会以一定的概率在某一范围内变化,或说,根据此均值可以给出两个界限,使此两界限以一定的概率包括真值在内。这两个界限所包括的值的范围称为平均值的置信区间。平均值的置信区间有双边的也有单边的。

**D.0.15** 双边置信区间应按式(D.0.15)计算。

$$\overline{X} - t_{\alpha/2}\frac{S}{\sqrt{n}} \leq \mu \leq \overline{X} + t_{\alpha/2}\frac{S}{\sqrt{n}} \qquad (\text{D.0.15})$$

式中:$\dfrac{S}{\sqrt{n}}$——算术平均值的标准差,或称标准误差;

$t_{\alpha/2}$——$t$ 分布表中与观测个数 $n$ 和置信度 $\alpha$ 有关的分位值。

**条文说明**

式(D.0.15)中的左侧限定双边置信区间的下限,简称置信下限;右侧限定双边置信区间的上限,简称置信上限。

**D.0.16** 单边置信区间应分别按式(D.0.16-1)和式(D.0.16-2)计算。

限制下限时

$$\mu > \overline{X} - t_{\alpha/2} \frac{S}{\sqrt{n}} \qquad (D.0.16\text{-}1)$$

限制上限时

$$\mu < \overline{X} + t_{\alpha/2} \frac{S}{\sqrt{n}} \qquad (D.0.16\text{-}2)$$

**条文说明**

本条指标准差未知的情况。如已知标准差或 $n$ 大,在式(D.0.15)、式(D.0.16-1)和式(D.0.16-2)中用 $Z_{\alpha/2}$ 或 $Z_\alpha$ 代替 $t_{\alpha/2}$ 或 $t_\alpha$。

**D.0.17** 要求限制的是平均值的低值 $L_{\overline{X}}$ 时,宜按标准(5)计算。

$$\overline{X} - t_{\alpha/2} \frac{S}{\sqrt{n}} \geq L_{\overline{X}} \qquad \text{标准(5)}$$

**条文说明**

标准(5)含义是观测试验结果平均值的下置信限应该大于规定的平均值下限。在本细则中,对压实度的检验就采用了标准(5)的评定方法。例如,规定路基的压实度为 95%,对压实度检验 $n$ 次后,如统计结果满足 $\overline{X} - t_{\alpha/2} \frac{S}{\sqrt{n}} \geq 95\%$,否则就不合格。

**D.0.18** 要求限制的是平均值的高值 $U_{\overline{X}}$ 时,宜按标准(6)计算。

$$\overline{X} - t_{\alpha/2} \frac{S}{\sqrt{n}} \leq U_{\overline{X}} \qquad \text{标准(6)}$$

**D.0.19** 对某项指标要求检验其均值或设计标准,并规定一个接收低限 $LL$ 和一个接收高限 $UL$ 时,宜按标准(7)计算。

$$LL \leq \overline{X} \leq UL$$

或

$$\left. \begin{aligned} \overline{X} - t_{\alpha/2} \frac{S}{\sqrt{n}} &\geq LL \\ \overline{X} + t_{\alpha/2} \frac{S}{\sqrt{n}} &\leq UL \end{aligned} \right\} \qquad \text{标准(7)}$$

# 本细则用词用语说明

1 本细则执行严格程度的用词,采用下列写法:

1)表示很严格,非这样做不可的用词,正面词采用"必须",反面词采用"严禁";

2)表示严格,在正常情况下均应这样做的用词,正面词采用"应",反面词采用"不应"或"不得";

3)表示允许稍有选择,在条件许可时,首先应这样做的用词,正面词采用"宜"或"可",反面词采用"不宜";

4)表示有选择,在一定条件下可以这样做的用词,采用"可"。

2 引用标准的用语采用下列写法:

1)在标准总则中表述与相关标准的关系时,采用"除应符合本细则的规定外,尚应符合国家和行业现行有关标准的规定";

2)在标准条文及其他规定中,引用的标准为国家标准和行业标准时,表述为"应符合《××××××》(×××)的有关规定";

3)引用本标准中的其他规定时,表述为"应符合本细则第×章的有关规定"、"应符合本细则第×.×节的有关规定"、"应符合本细则第×.×.×条的有关规定"或"应按本细则第×.×.×条的有关规定执行"。